종교와 생기

종교와 생기

발행일	2019년 2월 15일		
지은이	황보병호		
펴낸이	손 형 국		
펴낸곳	(주)북랩		
편집인	선일영	편집	오경진, 권혁신, 최예은, 최승헌, 김경무
디자인	이현수, 김민하, 한수희, 김윤주, 허지혜	제작	박기성, 황동현, 구성우, 정성배
마케팅	김회란, 박진관, 조하라		
출판등록	2004. 12. 1(제2012-000051호)		
주소	서울시 금천구 가산디지털 1로 168, 우림라이온스밸리 B동 B113, 114호		
홈페이지	www.book.co.kr		
전화번호	(02)2026-5777	팩스	(02)2026-5747

ISBN	979-11-6299-539-6 03190 (종이책)	979-11-6299-540-2 05190 (전자책)

이 도서의 국립중앙도서관 출판예정도서목록(CIP)은 서지정보유통지원시스템 홈페이지(http://seoji.nl.go.kr)와
국가자료공동목록시스템(http://www.nl.go.kr/kolisnet)에서 이용하실 수 있습니다.
(CIP제어번호: CIP2019000083)

(주)북랩 성공출판의 파트너

북랩 홈페이지와 패밀리 사이트에서 다양한 출판 솔루션을 만나 보세요!

홈페이지 book.co.kr　　•　　**블로그** blog.naver.com/essaybook　　•　　**원고모집** book@book.co.kr

황보병호 지음

／ 새로운 생기염송수행 질병치료 ／

／ 종교의 알맹이 1% 미만 ／

북랩 book Lab

이 책은 종교의 가르침이 두꺼운 껍질로 되어 있어 대부분의 사람들이 알맹이를 모르고 있는 것으로 조사되어 핵심을 설명하였으며, 수행(修行)에도 핵심이 없는 무기(無氣)수행을 하는 것으로 나타났다. 이러한 잘못은 과학적 이론으로 생기를 발견하지 못하여 이러한 결과를 초래하고 있었다. 기독교예배 불교참선 명상 단전 요가 등 대부분의 수행을 분석하고 새로운 과학적 이론을 적립하여 생기염송수행(生氣念誦修行)을 개발하였다.

생기치료가 생소한 것은 아닌 것이 동양의 한의학 치료는 오래 전부터 사기(死氣) 또는 무기 약기(弱氣)로 판단하여 치료

하는 방법으로 현재까지 사용되고 있다. 개발된 생기수행법은 현대 의학이 고치기 어려운 난치병도 치료가 가능하고 여러 가지 질병치료 및 예방과 동시에 지혜가 향상된다. 생기염송수행은 앉아서 조용한 말소리로 무종교와 명상을 하는 사람은 지혜광명을, 기독교는 주 예수님을, 불교는 관세음보살을 아랫배로 부르되 과학적 호흡으로 말소리를 불러야 된다.

이렇게 효능이 발생하는 원인은 호흡으로 단전 소장에 자극을 주어서 생기가 발생되고 부르는 말소리는 뇌에 파장을 주어서 뇌파가 알파파로 변하면서 지혜는 향상되고 질병은 치료된다. 또한 몸에 매우 유익한 침이 생성되어 위장으로 들어가 위장을 활성화 시킨다. 호흡을 들어 마시면 폐활량이 늘어나 폐가 튼튼해지는 등 한 가지 수행으로 모두가 동시에 이루어진다.

본 서적에는 생기염송수행 효능에 관한 과학적 자료들이 많이 수록되어 있으며 대부분의 사람들이 아랫배 살이 빠지고 몸이 가벼워진다. 생기염송 수행하는 시간이 행복에 사무치는 시간이 된다. 이러한 시간들이 쌓이면 예지력과 영감이 떠오른다. 이러한 효능들을 누구나 인정할 수 있도록 만들어진 책이다.

우리나라 성인 70%가 생기염송수행을 하게 되면, 의료보험이 1년에 75조의 예산을 책정받는데 연간3.5% 절약되어 2조4천억 절약되고 건강증진으로 노동력향상과 의료용품 절약으로 환경공해가 감소되고 기후환경에도 큰 도움이 될 것이다.

생기염송은 세계의 모든 수행 중에서도 최고의 수행으로, 질병이 치료 및 예방되고 지혜가 향상됨으로 널리 보급되어야 합니다. 지혜의 책을 나누거나 타인에게 이메일이나 문자로 새로운 책이 있다는 것을 알려주는 것도 복덕이 될 것입니다.

1

인간존재

현재 많은 과학자들이 지구의 나이를 50억 년으로 추산하고, 인간이 출현한 시기를 3백 50만 년 전으로 추정하고 있다. 인간이 살고 있는 지구를 분석하면 지수화풍(地水火風) 4대의 원소로 구성되어 있고, 동물과 식물이 4대 원소로 생명을 유지한다. 4대 원소 중에 한 가지만 없어도 생명의 존재는 불가능할 것이다.

인간은 현실적 태어남으로 존재한다. 즉 생(生)이다. 하지만 처음에 나서 일정기간은 주관적 생을 느낀다고 할 수 없다. 객관적 생이라고 하는 표현이다. 성장하여 주관적 생을 살다가 멸하는데, 이때 '나는 죽었다.'는 문구(文句)는 성립되지 않는다. 죽으면 나라고 하는 개념조차 성립되지 못하기 때문이다.

우리들에게 죽음의 의미는 '객관적 타인의 죽음을 보고 죽는다.'는 생각이고, 이 생각을 가지고 살아간다. 우리는 죽음을 두려워하고, 죽음을 걱정하고 대비하며 살아간다. 죽음을 경험할 수는 없으므로 죽음에 대한 두려움은 객관적 죽음을 주관적 자기에 비교하여 두려워한다.

인간의 존재를 분석하면 나의 존재는 남과 남의 만남, 즉 아버지는 남인 어머니를 만나야 하고, 어머니는 남인 아버지를 만나야 내가 존재한다. 부부가 만나서 시간이 지나고, 부부 중 한 사람이 먼저 애욕을 일으킨다. 애욕이 전달되고 부부의 행동이 이루어져 자녀를 잉태하고, 일정 기간이 지나면 출산한다. 이러한 과정은 인간 탄생 초기부터 지금까지 반복되었고 앞으로도 반복될 것이다.

왜 타인이 중요한가 하면, 타가 없으면 자아도 존재하지 못하기 때문이다. 인간의 실체는 몸이고, 인간은 몸에서 생각이 일어나고 행동하는 존재이다. 몸은 실질적 물질이고 생각은 물체가 없는 존재이다.

인간과 대부분 동물의 실체를 지(地), 수(水), 화(火), 풍(風)의 4대 원소로 분석하고 있다. 뼈는 땅의 기운으로, 쌀은 물의 기운으로, 화는 체온의 따뜻함을 말하고, 실체가 없는 바람을 생각으로 비유하였다.

　지구상의 많은 동물들은 태어난 뒤 학습과 습관으로 살아간다. 동물은 어미나 무리로부터 생존법을 배우게 되고, 인간 또한 부모나 사회로부터 배우고 습관화하며 살아간다. 이러한 과정에서 잘못 배우거나 배우지 못하여 불행을 초래하는 경우가 많고, 반대로 잘 배워서 행복한 삶을 살아가는 사람도 많다.

　인간이 동물과 다른 것은 몸체에 비하여 두뇌가 다른 동물보다 월등히 크다는 것이다. 그 때문에 기억력이 뛰어나 오늘날과 같이 발달한 문명사회를 이루고 살아간다. 하지만 과학 문명 발달의 편리함 속에는 반드시 부작용이 따른다. 지구의 기후변화를 일으켜서 가뭄, 홍수, 산불, 육지 오염, 해양 오염이 날로 증가하여 인간을 위협하고 있다.

　모든 생명체와 무생물도 고정불변(固定不變)은 아니다. 시간이 흐름에 따라 변한다. 인간은 약 60조 개의 세포로 형성되어 있고, 매일 수만 개의 세포가 새로 생겨나고 죽고를 반복한다. 식물도 같은 이치로 소나무만 보더라도 솔잎이 떨어지고 껍질이 벗겨지면서 자란다. 모든 식물도 같은 이론일 것이다. 무생물 중 단단하다고 생각되는 차돌도 고정불변이 아니다. 시간의 흐름에 따라 눈에 잘 보이지 않지만 조금씩 부식(腐植)

되어 작아지고 있는 것이다.

지구상의 생명체는 나고 죽고 하는 순환의 법칙을 반복하며, 사람도 태어나면 반드시 죽는다는 진리는 변함이 없다. 그런데 사람은 교만하여 영원히 사는 것으로 착각하고 탐욕을 부리며 다른 사람을 괴롭히기도 한다.

모든 생명체는 나면 반드시 죽는다는 것은, 인간의 수명이 결코 길지 않으므로 탐욕 부리거나 어리석게 살지 말라는 뜻이다. 인간은 4대 원소인 지수화풍으로 태어나고 죽으면 지수화풍으로 돌아간다.

선인선과(善因善果) 악인악과(惡因惡果).

선한 원인을 지으면 선한 결과가 오고, 악을 지으면 악한 결과가 온다. 지구의 모든 생명은 원인과 결과로 되어 있고, 인간의 생활도 원인과 결과로 연결되어 있다. 모든 생명은 그렇게 살아간다.

인간을 생물학적으로 분석하면, 남남이 부부가 되는 것으로 시작한다. 아버지는 남인 어머니를 만나고, 어머니는 남인 아버지를 만나야 자식이 존재한다. 그 후 사위와 며느리를 타인 중에서 선택하여야 하는데, 우리나라는 동성동본 혼인을 금지하고 있으므로 철저하게 먼 남을 만나야 한다. 남이 소중한 이유가 여기에도 나타난다.

인간의 조상을 살펴보면, 나의 부모님 두 분을 1대로 기준으로 하면 할아버지와 할머니는 4명이다. 옛날에는 평균 수명 짧았기 때문에 1대를 30년으로 산정하고 750년, 25대까지만 계산하여도 나의 조상은 34,234,432명이 된다. 다른 사람도 나와 똑같은 수의 조상이 있을 것이다. 3천 4백만 명이 넘는 조상 중에 단 한 사람만 없어도 이 몸은 존재할 수 없다. 이렇게 많은 조상은 서로서로 중복되어 있으므로 우리 모두가 한 핏줄인 것이다.

존재실상(存在實相) 여실지견(如實知見). 자기의 존재를 진리에 비추어보면 인생무상(人生無常)인 것을 확실히 알아 행복한 삶을 살 수 있다는 것이다. 원인으로 태어났기에 원인이 없으면 존재도 없다. 모든 것은 인연(因緣)으로 살아간다. 인연은 숙명(宿命)적이다. 부모, 조상, 형제, 친척, 태어난 국가 등의 숙명은 자기 의지로 되지 않는다. 타고나는 것이다.

운명(運命)적 인연인 부부, 자녀, 친구, 스승, 재물, 명예 등은 자기의 의지로 변화가 가능한 것이다. 인간 모두는 숙명과 운명의 인연으로 살아간다. 좋은 운명을 선택할 수 있다는 과학적 이론을 알고 실천하면 인간은 좋은 운명을 만나게 될 것이다.

우리 모두는 변해야 하고, 세상도 변해야 할 것이다. 어떻게 하면 변할까? 자신부터 변해야 한다. 깊은 진리의 반성으로 지혜를 나누고 물질을 나누고 하여 적선(積善)의 바다가 되면, 이것이 최상의 행복이요 천당 극락일 것이다.

2

교만驕慢과
탐욕貪慾

욕망(慾望)과 탐욕, 허욕(虛慾), 과욕(過慾) 등은 비슷한 개념이지만, 탐욕과 허욕, 과욕은 올바른 욕망과 반대의 개념이다. 특히 불교에서 잘못 해석되고 있는데 욕망은 탐욕, 허욕, 과욕으로 모두 버려야 하는 것으로 이해하여 오해의 소지가 많다. 그러나 인간은 욕망의 동물이다.

오욕(五慾). 다섯 가지 욕망

1. 식욕(食慾). 생존의 본능이므로 반드시 필요하다.
2. 애욕. 이성적 사랑이 없으면 인류가 존재할 수 없다.

3. 수면욕. 잠을 자지 않고 생존할 수 없다.

4. 재욕. 재산이 없으면 먹을 것이 없어진다.

5. 명예욕. 권력이 존재하여야 집단(集團)의 질서가 유지가
   될 수 있다.

인간사회는 오욕으로 유지될 수밖에 없는 것이다. 하지만 탐
욕, 허욕, 과욕이 문제를 일으켜 불행한 사회가 되고 있다. 우
리들은 살아가면서 교만과 과욕을 정확히 알기가 어렵다. 교
만과 겸손, 과욕과 소유욕의 기준이 어떠한 일에 따라 다르
고, 사람의 생각에 따라 기준이 변하기 때문일 것이다.

현재 우리가 살고 있는 산업사회의 이익에 대해 분석해보
면, 회장, 사장, 부장, 과장, 직원, 임시직원으로 구성되어 있
다. 이익 배분에 정당성을 바탕으로 기준을 세우는 것은 불
가능하다. 노동의 강도로 보면 아래 직급일수록 힘든 노동인
경우가 많다. 하지만 이익 배분은 반대로 되어있는 경우가 대
부분이다.

이 경우 사회는 교만과 과욕이 법적으로 허용되기에 정당하
다고 생각하게 되는 것이다. 때문에 현 사회에서 위에 군림하
는 사람들은 교만과 과욕이 없는지 깊은 반성을 하면서 살아
가야 할 것이다. 직원들이 산업재해로 인해 희귀병에 걸리는
경우가 있는데, 이익을 충분히 보고 있는 기업주가 환자에게

'업무 중에 이 병이 발생했다는 증거를 요구하고, 만약 증거가 미약하면 산재가 아니다.'라고 소송을 한다. 이것이야말로 강자의 교만과 과욕일 것이다.

이러한 사례와 비슷한 경우 강자는 약자에 대한 악업이 되는 줄 모르거나, 알고도 이러한 행동을 하는 경우가 많다. 과욕은 욕망이 지나친 것이며, 특히 명예나 재물에 집착하여 만족할 줄 모르고 욕심을 부린다. 교만은 겸손함이 없이 잘난 체하며 버릇이 없고, 남을 깔보고, 자기를 높게 평가하며 반성이 없는 사람이다.

인간의 마음과 본성에는 겸손과 교만이 모두 잠재되어 있다. 부모나 조상이 선한 일을 많이 하면 자식이 선한 마음을 많이 받고 태어나고, 악한 일을 많이 하면 교만한 자식이 많을 것이며, 인간의 본성은 교만 쪽으로 작용하는 일이 많이 얼어난다. 이러한 타고난 본성을 교육하고 수행으로 단련하지 않으면 실패한 삶이 된다. 반대로 열심히 배우고 수행하면 성공하는 삶을 살아갈 수 있다.

인간의 마음은 음식과 환경에 따라 변한다. 사람들은 육식을 많이 하면 성격이 과욕을 많이 부리고 교만하게 변한다. 동물만 봐도 육식동물은 포악하고 초식 동물은 온순하다. 우리나라가 농업국가에서 산업국가로 변화하는 기간을 약 1백 년으로 보면, 현재 우리들은 산업사회의 피를 받은 2세들이다. 산업사회는 농업사회보다 탐욕스러운 DNA가 많을 것이다. 현재 우리들은 탐욕이 많은 사람이라는 걸 스스로 인정하지 않고 부정하고 있으므로 자기가 탐욕스럽고 교만하게 살아간다는 것을 모른다.

우리의 조상들은 정보통신이 발달하지 않은 농업사회에서 대부분 삶을 보존하기 위하여 경쟁 속의 삶을 살 수밖에 없는 환경이었다. 그 때문에 선을 잘 몰라서 악이 되는 경우도 있었고, 알고도 선을 행하지 않아서 악업 되는 경우도 있었을 것이다. 물론 현재 사회도 선업과 악업으로 모르는 사람들이 많을 것으로 본다.

개인의 마음이 모여서 국민의 마음이 되는 것은 틀림없다. 교만한 국민이 많으면 교만한 국가가 되고, 반대로 겸손한 국민이 많으면 겸손한 국가가 될 것이다. 인간의 뇌 구조는 생활 문화가 발전하면 습관적으로 뇌의 기능이 탐욕으로 발달하는 구조를 가지고 있다. 그래서 과학 문화가 발전할수록 생활과 문화 속에 물질적인 것들이 많아지고, 상업화로 이익을 추구하는 사회가 합법화되면서 탐욕이 커지는 것도 당연시하게 되어버렸다.

현재 우리사회의 사람들은 마음의 기준을 잘못 정하고 있는 경우가 많다. 자기가 정당하게 벌어서 세금을 내고 가족을 부양하면 잘살고 있는 것으로 착각하는 사람이 대부분이다. 하지만 이것은 좋은 삶이 될 수 없다.

우리는 누구나 남남으로 태어나고, 며느리와 사위는 반드시 동성동본이 아닌 사람을 얻어야 한다. 그 때문에 남을 돕지 않으면 악업으로 설명할 수밖에 없다는 이론이 성립된다. 잘 못된 욕망을 진리의 원력(願力)으로 고쳐야 하는데, 이것이 매우 어렵다. 원력은 모든 일을 하는데 남을 먼저 생각하는 베푸는 마음, 나누는 마음, 이것이 핵심이다.

재벌이나 권력을 가진 사람들이 부정을 저질렀다는 뉴스를 보면서 그 사람들을 바보 같다고 비판할 것이다. 그러나 자기가 재벌이 되고 권력을 가지면 깨끗하게 잘할 수 있다고 확신할 수 있을까? 객관적으로 평가해서, 정답이라고 하기에는 현실적으로 인정하기 어렵다. 인간의 마음은 상황에 따라 변화되는 경우가 많기 때문이다.

늙고 병드는 것을 피하고 싶지 않은 사람은 없다. 그러나 피할 노력은 하지 않고 마음만 있는 것이다. 자기에게 불행이 일어나기 전에는 불행을 생각해 보겠다는 마음이 생겨나지 않는다. 이처럼 대부분의 사람들이 원인과 결과에 대한 반성을 하지 않는다. 나쁜 원인을 알고도 고치지 않는 사람, 몰라서 못 고치는 사람이 있을 뿐이다. 암에 걸리거나 고치지 못할 병에 걸리면 '하필 나에게 왜 이런 일이 일어날까?' 하고 운명을 원망한다. 병에 걸린 것은 자기가 병이 발생하도록 삶을 살았기 때문이다. 이렇게 인과를 부정하는 것도 교만에서 오는 것이다.

상(上) 교만

교만은 남을 무시하고 자기는 잘났다고 잘난 채 하는 말과 행동이다. 갑질, 명예훼손, 사기, 탈세 등 수없이 많은 교만이 있을 것이다. 이러한 교만은 현행 범죄에 해당하는 상(上) 교만들이다.

중(中) 교만

이기주의적인 말과 행동을 정당화로 변명하며, 재물을 넉넉히 가지고 있으면서도 베풀지 않는 교만을 뜻한다. 또한 남을 무시하거나 낮게 보는 교만도 포함된다. 이러한 행동과 마음도 불교 용어로 악업이 된다.

하(下) 교만

중(中) 교만이 악업이 되는 줄 모르고 행동하면 알고 하는 행위보다는 악업이 적게 쌓인다.

이러한 교만들은 진리로 살펴보면 최고의 악업인 것이, 탐욕이나 교만은 자기도 망하고 자손들도 망한다는 법칙은 변하지 않을 것이기 때문이다. 어렵더라도 겸손하고 적선하는 삶을 살아야 하는 이유가 여기에 있다.

교만할 이유가 없는 것이 부자(富者)의 경우 자기가 벌었다고 해도 결국 남의 도움으로 이루어진 것이기 때문이다. 부모에게 상속을 받은, 자기가 노력하지 않고 모은 재산이라면 사회의 도움을 받아 모은 부모님 재산을 교만하지 않고 겸손하게 사용할 줄 알아야 할 것이다.

권력과 명예

권력은 모두가 남을 의지하여 얻는 것이다. 독재자도 누군가의 도움 없이는 군력을 얻지 못했을 것이다. 우리는 권력과 명예의 무상함을 보고 자랐고, 그만큼 부와 명예의 허망함을 실감하고 살고 있다.

세계 역사를 살펴보면, 국가적으로 교만하여 망해온 나라는 역사 속에 수없이 많다. 우리나라의 역사만 보아도, 고려의 마지막 왕인 공민왕은 국가의 힘이 약한 상태에서 동북 3성을 침략하라고 명했고 이에 반대한 이성계는 결국 군사를 일으켜 조선을 창건하였다.

개인의 교만은 헤아릴 수 없이 많아 감옥에 가는 경우가 많고, 망하는 경우도 수없이 많다. 자기가 교만하게 되면 자녀들이 그것을 배워서 교만하게 될 것이다. 이렇게 되면 교만으로 자녀까지 불행하게 되고, 자연히 자녀를 낳지 못하여 후손이 없어지게 될 것이다.

세계 인류 모두가 자연의 감사함을 다시 한번 생각하고, 깊은 반성이 필요할 때이다. 무분별한 개발과 과도한 물질소비로 강과 바다가 오염되는 등 환경오염이 점점 악화되고 있다. 인류는 물과 공기가 없으면 존재조차 불가능하다는 것을 모르는 사람이 없을 것이다. 물질 소비를 최대한 줄이고, 재활용품을 널리 활용하는 등 절약된 생활이 오염을 줄일 수 있을 것이다.

3

우리나라
종교

종교(宗敎)라는 단어를 한자로 풀어보면 다음과 같다. 종(宗) 자는 '높을, 용마루'란 뜻을 지니고 있는데, 여기서 용마루란 지붕 맨 위를 뜻한다. 다음으로 교(敎) 자는 '가르치다'라는 뜻을 가지고 있다. 결국 두 글자를 합친 종교라는 단어는 '높고 중요한 가르침'이란 뜻을 가지고 있는 것이다. 그렇다면 종교들이 말하고 있는 '높고 중요한 가르침'은 무엇일까. 3대 종교라 불리는 기독교, 불교, 유교에서 말하는 가르침을 살펴본다.

첫 번째, 기독교에서는 사랑(愛)을 가장 중요한 가르침으로 본다. 여기서 사랑 애(愛)자는 다양한 의미를 담고 있는데, ① 사랑, ② 친하다, ③ 어여삐 여기다, ④ 사모하다, ⑤ 기뻐하다,

⑥ 좋아하다, ⑦ 아끼다 등이다. 이를 통해 신도들에게 다양한 사랑을 강조하고 있다.

두 번째, 불교에서는 자비(慈悲)를 강조한다. 자비라는 단어를 한 글자씩 뜻을 해석해 풀어보면, 자(慈) 자는 '사랑, 인자하다, 착하다, 부드럽다, 불쌍히 여기다, 은혜를 입다' 등의 뜻을 담고 있고, 비(悲) 자는 '슬프다, 불쌍히 여기다, 한심하다' 등의 뜻을 담고 있다. 즉 자비는 모든 것을 불쌍히 여기고 도우면서 살아가라는 뜻을 담고 있다.

세 번째, 유교에서 말하는 적선(積善)을 풀어보면 다음과 같다. 적(積) 자는 '쌓다, 모으다' 등의 뜻이고, 선(善) 자는 '착하다, 많다, 좋아하다, 착하게 여기다' 등의 뜻이다. 즉 적선은 '착함을 쌓고 모으다.'라는 뜻을 가지고 있는 것이다.

이렇듯 각 종교에서는 중요하게 여기는 가치를 실천할 것을 강조하고 있으며, 이는 곧 종교를 믿는 것이 자신의 인격을 높이는 한 방법이라고 설명할 수 있다. 결국 종교인들이 진정으로 이해해야 하는 것은 위의 글자에 모두 들어 있다는 것이다. 그런데 만약 종교인들이 배타적 마음을 가지고 비 종교인을 차별한다면 이것은 크나큰 착각일 것이다.

일부 성직자나 신도들이 맹신(盲信)에 빠져 타 종교를 무시하거나 종교시설을 파괴하는 일이 종종 발생한다. 또한 자기가 믿는 종교하고 다르다는 이유로 자녀들이 타 종교인과 결혼하는 것을 반대하는 경우가 많은데, 이것은 잘못된 종교 행동이다. 종교의 뿌리는 모두 같다. 기독교의 사랑, 불교의 자비, 유고의 적선 모두가 같은 개념이기 때문이다. 종교의 자유는 물론, 개개인의 의사를 존중하는 것도 당연하다.

기독교

기독교 성경

기원전 약 9백 년부터 히브리인들의 종교적인 책이다. 내용은 율법서, 역사서, 예언서, 시문학 등으로 구성되었다. 유대교와 그리스도교가 함께 경전으로 인정하는, 히브리어로 적힌 24권의 책들을 그리스어로 번역하면서 39권으로 재편집하였다. 사마리아인들은 구약성서 최초 5권의 책, 즉 모세 5경만을 경전으로 받아들였다. 그러나 로마 가톨릭 교회는 외경을 구약성서와 동등한 권위로 수용하였다.

구약성서

구약은 옛 약속이란 뜻으로, 하나님께서 예수가 오시기 전까지 선민(善民) 이스라엘 백성에게 주신 구원약속이다. 이 언약은 시대와 상황은 다르지만 메시아(그리스도)에게 초점이 맞추어져 있다. 이 구약 내용이 기록된 선경이 바로 구약성경이다.

신약성서

신약이란 새로운 약속이란 뜻이다. 예수의 언행(言行)을 기록한 4권의 복음서(마태오, 마르코, 루가, 요한복음서)와 그 제자들의 전도 행각에 관한 기록(사도행진), 여러 사도들의 편지글(서간서) 및 예언서(요한의 묵시록) 등 27서로 구성되어 있으며 전부 그리스어로 쓰여 있다.

에덴동산

에덴동산에는 생명의 나무와 선악을 알게 하는 선악의 나무가 있었다고 한다. 생명의 나무 과실을 먹었다면 인간은 죽음 없이 신처럼 살 수 있다는 것인데, 아담과 이브는 생명의 과실을 먹지 않고 선악을 알게 하는 선악과를 따 먹었다는 것이다.

전체 의견

광야에 외치는 소리.

예수님 믿고 천국 가십시오. 그분은 아담의 죄로 인해 영원히 지옥에 갈 수밖에 없는 우리를 위해 십자가에 못 박혀 죽으시고 지옥에서 고통 받고 여러분의 죗값을 대신 치르셨습니다.

하나님께서 예수님을 마음으로 믿고 입으로 믿는다고 시인

하는 자마다 낙원에 들어갈 수 있는 기회는 지금 이 세상에 살고 있을 때뿐입니다. 이것은 실제이며 죽고 난 뒤에는 후회해도 소용이 없습니다. 이 문제에 당신의 영원한 생명이 달렸습니다.

예수님은 하나님의 아들로서 우리 죄인들을 죄와 사망의 저주에서 구원하시려고 이 땅에 오셨고, 우리의 죄를 대신 갚으시려고 십자가에 못 박히셨으며 피를 다 쏟은 뒤 죽으시고 3일 만에 부활하셨습니다. 그리고 하나님 보좌 우편에 계시다가 산 자와 죽은 자들 심판하시러 다시 오실 것입니다. 그래서 죄를 사해주시는 것과 몸이 다시 사는 것 영원히 사는 것을 믿습니다.

세상에 사는 원리는 하나님을 사랑하는 것과 이웃을 제 몸 같이 사랑하는 것입니다.

계율의 기원

종교용어의 하나. 교단 내부의 규율로서 일반법이나 도덕률에 앞서서 교단 구성원을 구속하고 규제의 기본 조건이 된다.

계율의 원초적인 형태는 금기사항이라고 할 수 있다. 특정한 대상이나 행위가 초자연적인 성질을 지니며, 그것을 어기면 처벌을 받는다는 관념에 입각한 견해이다. 금기사항이 지니고 있는 금기와 제재(制裁)의 위력은 원시사회에서 사회적 통제와 개인의 욕망을 억압하는데 강력한 역할을 했다. 요컨대 금기사항은 법률 내지 도덕 같은 원리가 담겨 있다.

보통 금기사항이 이후 여러 갈래로 분화(分化)되어 그 주술성(呪術性)을 극복함에 따라 계율이 나타났고, 다시 세속적인 법률이나 도덕으로 발전했다고 보고 있다.

유대교

유대교의 율법(律法)이란 "구약성서"의 "모세오경(五經)"을 가리킨다. 그중에서도 〈모세의 십계(十戒)〉라고 알려진 부분이 율법의 핵심이다. 먼저 신(神)에 대한 인간의 의무 4가지가 정해져 있고, 그다음에 인간관계에 관한 윤리 규정 6가지가 정해져 있다.

불교의 계가 자기의 주체적인 선택임에 반해 율법은 신(神)인 야훼(여호와)와 이스라엘 민족과의 계약이며, 이를 준수하면 은혜를 받고 위반하면 보복을 받는다.

이와 같은 신과 민족의 계약 관념은 선민사상(選民思想)을 길러내어 신정정치(神政政治)를 성립시켰고 나아가서는 규격화된 신앙생활을 강제하는 율법주의(律法主義)를 낳았다.

기독교

예수는 율법주의를 배격하고 복음(福音)에 의한 하나님의 구제를 역설했다. 율법은 하나님 앞에서의 인간의 생활방식을 나타내 하나님의 은총(恩寵)에 대한 감사로써 반드시 지켜야 한다는 것이 예수의 주장이다.

율법의 의미를 계약에서 감사로 바꾸어 놓음으로써 그리스도교는 민족이라는 울타리를 벗어나 세계 종교로 발전할 수 있는 길을 열었다. 그리스도교가 로마의 국교로 정해짐과 아울러 엄격한 수덕(修德)을 추구하는 수도자가 나옴으로써 금욕생활을 위한 수도계율(修道戒律)이 만들어졌다. 구체적인 계율은 십계명으로 다음과 같다.

1. 하나님 이외의 다른 신을 섬기지 말라
2. 우상을 섬기지 말라
3. 하나님의 이름을 망령되어 일컫지 말라
4. 안식일을 지켜라
5. 부모공경
6. 살인하지 말라
7. 간음하지 말라
8. 도둑질하지 말라
9. 거짓말하지 말라
10. 이웃의 소유를 탐내지 말라

기독교 진리

기독(基督)이란 말은 그리스도라는 말의 한자 발음이다. 그리스도라는 말은 구원자(救援者), 구세주(救世主)라는 말이다.

기독교 예배

초기 기독교인들의 모임에서 드리던 예배의 본질적인 구성 요소들은 무엇이었는가? 우리가 예배를 초대 기독교 공동체의 예배를 살펴보고자 하는 이유는, 거기에 예배의 기초가 있고 그 이후 기독교의 역사 속에서 보존하려고 했던 예배의 원형이 거기에 있기 때문이다.

우리는 최초의 기독교 공동체가 드린 예배를 살펴보고자 하지만, 문제는 그 예배의 모습을 보여주는 자료가 상당히 제한되어 있다는 것이다. 사실 신약성경에는 완전히 단일화한 예배의 상(像)이 없다. 그래서 우리는 그 당시 예배의 외적인 모습과 그 발전에 대하여 분명한 상을 가지기가 힘들다. 그럼에도 불구하고 우리는 신약성경의 파편적인 기록들과 초대 교회의 문서들을 통하여 원시 기독교의 예배가 어떤 요소들을 가지고 있었는지를 어느 정도 알 수 있다.

초기 기독교인들의 모임에서 드려지던 예배의 본질적인 구성 요소들이 무엇이었는가 하는 것을 물을 때 무엇보다 먼저 지적할 수 있는 것은, 그 구성 요소들이 상당히 다양하였다는 사실이다. 아이러니한 것은 오늘날 우리의 예배는 그와 반대로 초대 교회 예배의 다양성을 많이 상실하였다는 점이다.

그렇다면 성경과 초대 교회의 몇 가지 기록들에 의하여 찾아볼 수 있는 초대교회의 예배의 요소들에는 어떤 것들이 있는가?

1. 초대교회 예배의 요소들

제일 먼저 설교이다. 그 당시의 설교가 어떠하였는가 하는 문제는 행전(行傳)에 나타난 몇 가지 예를 근거로 대답할 수 있다. 이 설교들은 무엇보다 구약성서에서부터 현재 그리스도의 사건에 이르기까지 구속사를 추적하려는 관심으로 볼 수 있다.

사도들은 하나님의 나라와 예수 그리스도의 이름에 관하여 설교하였다. 때때로 설교는 예배와 상관없이 건물 밖이나 성전의 바깥뜰에서 이루어지기도 하였으며, 때로는 회당(會堂)에서 예배와 관련한 내용으로 행해지기도 하였다. 바나바와 바울은 함께 안디옥에서 '하나님'의 말씀을 전하였고, 행전을 보면 바울은 "떡을 뗄 때" 아주 긴 설교를 하기도 하였다. 이와 같이 설교는 신약성경 시대의 교회에서 매주 중요한 위치를 차지하고 있으며, 설교 없이는 예배가 성립할 수 없음이 분명하다.

2. 기도

그리스도인들의 기도에 대한 최초의 기록은 역시 사도행전에서 볼 수 있는데, 그들은 다락방에 모여서 모두 하나가 되어 열심히 기도하였다. 오순절 사건 후 그들은 사도의 가르침을 받아 서로 교제하고 떡을 떼며 기도하기를 전부 힘썼다. 초대 교회 교인들은 아마도 다양한 기도를 하고 있었던 듯하다. 바울은 디모데에게 권할 때 "그러므로 내가 첫째로 권하

노니 모든 사람을 위하여 간구(懇求)와 기도와 도고와 감사를 하되, 임금들과 높은 지위에 있는 모든 사람을 위하여 하라.' 고 하였다.

그런데 예배에서의 기도와 관련하여 한 가지 지적해야 할 것은, 그들은 의식에서 나온 예식기도가 아니라 진정 마음속에서 나오는 자발적인 기도를 드리고 있었다는 사실이다.

바울은 고전에서 "네가 영으로만 축복하고 마음으로 하지 않는다면 무식한 처지에 있는 자가 네가 모든 말을 하는지 알지 못하고, 네 감사에 어찌 '아멘'하리요?"라는 말을 한다. 여기서 바울은 알아들을 수 있는 말과 알아들을 수 없는 말을 구분하면서 유대 의식에서 나온 형식적인 기도가 아니라 마음속에서 우러나오는 자발적인 기도를 할 것을 지적한다. 즉 초대 교인들이 드린 기도는 영으로 드린 것이었으며 기도문의 헛된 암송과 같은 기도가 아니었다.

그러나 가장 오랜 기도문을 보려면 마라나타라는 아랍어로 보존된 기도문으로 소급해야 한다.

계시록 마지막에 있는 이 아랍어의 헬라어 번역은 마라나타가 "우리 주는 오신다."라는 뜻으로, 직설법이 아니라 명령형 기도문임을 보여준다.(이것들을 증거하신 이가 가라사대 "내가 진실로 속히 오리라 하시거늘. 아멘 주 예수여 오시옵소서.") 이 기도문은 고전 16:22절에서도 아랍어로 나타나 있다.

그리고 디다케 10:6절에도 보면, 이것은 특별히 성찬식과 관련된 식사예식 마지막에 드려지든 기도문임을 알 수 있다. 이와 같이 이 기도문이 마울에 의하여 헬리어로 번역이 되지 않고 아랍어로 그대로 전수되었다는 사실과 디다케가 기록되던 시기에 이르기까지 원형 그대로 지속되었다는 사실은 초대 기독교 공동체의 가장 오래된 형태의 기도문이라는 것을 뜻한다. 하지만 그보다 더 중요한 것은, 이 기도가 기독교회의 예배일이 그리스도의 부활을 기념하는 날이었다는 사실과 밀접한 관계가 있다는 점이다.

그리스도는 부활하신 날 제자들 앞에 나타나 그들과 함께 식사를 하셨다. 그리고 그는 "두세 사람이라도 내 이름으로 모인 곳에는 나도 함께 있을 것"(마 18:20)을 약속하셨다. 그래서 이 약속에 따라 초대 기독교인들은 성찬식을 하면서 그리스도의 임재(臨在)를 경험하며 그의 다시 오심을 기원하였던 것이다.

즉 마라나타라는 이 기도문은 그리스도가 부활하신 날 제자들 앞에 현현했던 과거의 사실을 지시함과 동시에 공동체의 식사예식에 그리스도가 임재하는 현재의 사실을 지시하며, 더 나아가서는 마지막 날에 그리스도가 다시 나타난 미래의 사실도 지시하는 것이었다. 따라서 마라나타는 성찬식의 기도문이었다는 것이다.

그러므로 이제 초대 교회의 예배 요소 가운데 가장 중요한 것 중의 하나였던 성만찬을 살펴보자.

3. 성만찬(聖晚餐)

우선 초대 교회에서 행해지던 가장 오래된 형태의 만찬은 실제적인 식사 상황에서 행해졌다("네가 배부른 후에" 디다케 10:1). 이 점에 있어서는 모두가 다 일치한다. 그런데 사도행전에 볼 수 있듯이 주의 만찬을 말할 때에 일상적인 식사를 뜻하는 "떡을 먹는다."라는 표현을 쓰지 않고 "떡을 뗀다."고 표현한 사실은, 그 식사에 참여하는 사람들이 일상적인 식사를 함과 동시에 특별한 의미의 의식을 거행한다는 생각을 지니고 있었음을 암시한다.

가장 오래된 주의 만찬에서는 그리스도의 보혈이라든가, 더 일반적으로 말해서 그리스도의 죽음과의 관련은 없었던 것 같다. 이 식사에 있어서 가장 본질적인 특징은 행전 2:45절("날마다 마음을 같이하여 성전에 모이기를 힘쓰고 집에서 덕을 떼며 기쁨과 순전한 마음으로 음식을 먹고")에서 볼 수 있는 바와 같이 식사에 참여한 사람들의 가운데 '충만한 기쁨'이 넘쳤다는 점이다. 그러므로 이 주의 만찬은 최후의 만찬에 대한 기억에서부터 연유되었다기보다는 예수님이 부활한 후에 제자들 앞에 나타나 함께 식사했던 일들에 대한 기억으로부터 시작된 것이라 설명할 수 있을 것이다.

누가 24:36절에 의하면 부활 주일에 열한 제자는 부활한 그리스도와 함께 식사를 하였으며, 그 바로 전에도 예수님은 엠마오로 가는 도상에서 두 제자와 함께 떡을 뗀 일이 있다. 그런데 누가 24:36절에 보면, 요한 21:12절에 나온 하반 절에서와 같이 부활한 그리스도께서 제자들을 위하여 차린 식사는 물고기로 차린 식사였다. 이것은 후대에 와서 성찬식에 물고기의 상징이 관련된 이유를 어느 정도 설명해주는 것 같다. 아무튼 이러한 내용을 종합해보면 초대 기독교의 주의 만찬 의식은 부활하신 그리스도가 부활 주일에 제자들의 식사에 나타났던 일들과 관련되어 있음을 말해준다.

그러므로 부활한 그리스도가 처음 몇 번 현현하여 제자들의 식사 자리에 함께했던 것이라면, 초대 공동체의 성찬 의식은 부활 이후 그리스도와 제자들의 공동 식사를 회상했던 것임을 간과해서는 안 될 것이다. 그리고 이 공동 식사에서는 최후의 만찬 때 예수가 약속했던 메시아적 식사가 부분적으로나마 앞당겨 거행된 것이라고 해석할 수 있다. 또한 부활한 그리스도와 제자들의 공동 식사에 대한 기억과 부활 사상이 얼마나 밀접하게 결합되어 있는가 하는 것은 행전 10:40-41절에서도 볼 수 있다.

하나님께서는 그리스도를 사흘 만에 다시 살리시고 우리에게 나타나게 하셨다. 그분은 모든 사람에게 나타나신 것이 아니라 하나님께서 증인으로 미리 택하신 우리에게 나타나셨다. 그분이 죽었다가 다시 살아나신 뒤에 우리는 그분과 함께 먹기도 하고 마시기도 하였다. 그러므로 성찬식 식사에 참여하는 사람들이 '기쁨'을 가졌던 이유는, 이 의식이 한편으로는 부활 사상과 연결되었기 때문인 것으로 설명할 수 있다. 따라서 예수의 이름으로 모인 공동체, 예수가 현재 영으로 임재하고 있는 공동체의 성찬 의식은 그리스도의 부활 이후 식사와 앞으로 기대되는 종말론적 식사 사이에 위치해 있는 것이다. 그러므로 식사 자리에 모인 공동체 가운데 그리스도가 오신 것은 메시아적 식사에서 있을 그리스도의 도래를 미리 앞당겨 보여주는 것임과 동시에, 부활 이후에 있었던 그리스도와 제자들 사이의 공동 식사를 회고하는 것이다.

따라서 원시 기독교인들이 부활한 그리스도가 성찬식에 재임한다는 사실을 강조한 것은 그들이 그리스도의 부활일을 예배일로 정한 사실과 일치하며, 또한 마라나타 기도의 핵심적인 의미와도 일치하는 것이다. 그리고 성찬식을 가리켜 "주님의 성찬"이라고 부른 것도 이런 맥락에서 연유한 것이다.

한편 고린도전서 11장에서 바울은 성찬식의 기원이 예수의 지상 생애 마지막에 있었던 최후의 만찬으로 소급되는 것을 강조하고 있는데, 그것은 고린도 교회의 그릇된 성찬식 습관을 지적하면서 그것을 강조할 필요를 느꼈기 때문이다. 사실 예수가 부활한 후에 제자들이 다시 식사 자리에 모였던 것은 바로 그 최후의 만찬을 기억하기 위해서였고, 또한 그곳에 부활한 그리스도가 나타났던 것이므로 지상의 예수가 제자들과 가졌던 최후의 만찬이 기독교 공동체의 성찬식을 출발시킨 원래적 시초라고 할 수 있다. 그뿐만 아니라 공관복음에 기록된 마지막 만찬 때의 예수의 말씀 가운데도 메시아적 성찬사상

("내가 그것을 새로이 먹을 때까지")과 새로운 공동체의 계약 사상이 나타나 있다. 그리고 이 새로운 공동체 계약은 그리스도의 죽음을 통하여 성립된 것이다. 이런 이유 때문에 바울은 예수의 마지막 만찬이 성찬식의 기원임을 고린도에서 그렇게도 강조한 것이다.

그러나 바울은 원시 공동체의 성찬식이 지니고 있던 나머지 두 요소. 즉 미래에 있을 그리스도의 도래라는 요소와 현재에 이미 그리스도가 성찬식에 임재 한다는 요소를 간과하지 않았다. 오히려 바울은 고린도전서 11:26절에서 "주님이 오실 때까지" 성찬식을 통하여 그리스도의 죽음을 선포해야 된다고 강조하였다. 그리고 고린도전서 10:16절에서는 교회와 동일시된 그리스도의 부활한 몸과의 연합이 현재 성찬식을 통하여 이루어진다고 말하였다.

"우리가 그 떡을 떼는 것은 그리스도의 몸을 함께 나누어 먹는 것이 아니겠습니까? 떡은 하나이고 우리 모두가 그 한 덩어리의 빵을 나누어 먹는 사람들이니 비록 우리가 여럿이지만 모두 한 몸인 것입니다."

그리스도가 성찬식에 임재함으로써 공동체의 구성원들이 하나가 된다고 한 사상은 오늘날의 성찬식에 있어서 너무 소홀이 되고 있지만, 디다케의 기도문에 보면 이 사상이 유대교의 기도문의 예를 따라 다음과 같이 아름답게 표현되어 있다.

"부서진 빵이 산위에 흩어졌으되 다시 모아지고 하나가 된 것 같이. 당신의 교회도 세계 각처로부터 모여서 당신의 나라로 들어가게 하소서."

그 밖에 디다케는 성찬식을 아직 예수의 마지막 만찬과 죽음에 연결시키지 않았던 바울 이전 원시 공동체의 성찬식 유형만을 알고 있을 뿐이다. 그러므로 그리스도의 보혈이라는 요소가 성찬식에 들어와 영속적인 위치를 차지하게 된 것은 바울이 초대 기독교의 성찬식을 예수의 최후 만찬으로 소급시킨 결과이다.

그런데 시간이 지남에 따라 성찬식이 발전해가면서, 오히려 기존과는 반대의 현상이 나타나게 되었다. 이제는 성찬식과 예수의 죽음 사이의 관련성이 일방적으로 강조되었고, 원시 공동체의 성찬식이 지니고 있었던 부활과 부활한 그리스도의 식사, 부활한 그리스도의 미래적 도래와의 관련성은 상실된 것이다.

아무튼 디다케에 의하면 가장 오랜 성찬식의 여러 구성 요소들 가운데 성찬식 기도 외에도 다른 요소들을 찾아볼 수 있는데, 디다케 9장 5절에 보면 마라나타로 끝맺는 기도를 드리기 전에 먼저 이런 요구를 말하도록 되어 있었다.

"주님의 이름으로 세례 받은 사람들 이외에 어느 누구도 성찬식의 빵과 잔을 들도록 해서는 안 된다. 이에 관하여 주님이 거룩한 것을 개들에게 주지 말라고 말씀하셨기 때문이다."

4. 죄의 고백

하나님의 거룩한 존전에 서 있는, 예배하는 공동체가 하나님의 용서와 임재를 간구하는 죄의 고백은 구약에서부터 발견하게 되는 소중한 순서이다. 이사야가 하나님의 거룩하신 존전 앞에서 자신의 죄를 고백하는 장면(사 6:5)은 바로 고백의 기도의 필요성을 보여준다.

베드로가 주님을 뵈었을 때 "주여. 나는 죄인이로소이다. 나를 떠나소서."라는 고백과 주님의 용서, 그리고 새로운 사명을 부여받는 모습은 다 죄의 고백의 중요성을 말해 준다. 예수님께서 하신 "예물을 드리다가 거기서 네 형제에게 원망들을 만한 일이 있는 줄 생각나거든 예물을 제단 앞에 두고 먼저 가서 형제와 화목하고 그 후에 와서 예물을 드리라."(마 5:23-24)는 말씀도 죄의 고백의 중요성을 가르쳐준다. 초대 교회의 문헌 중에서 디다케 14장 1절에 보면 초대 교인들은 성찬을 먹기 전에 죄의 고백을 하도록 되어 있었다.

한국 교회에 있어서의 시사점

우리는 예배의 의미를 상실한 시대라고 할 수 있는 시대를 살아가고 있음을 실감한다. 예배란 개인의 죄인된 모습을 발견한 상태에서 절대자 앞에 나아가 그 절대적인 은혜와 사랑을 체험하는 것이라 할 수 있다.

현대를 살아가는 우리는 개혁이라는 말을 많이 듣는다. 여기서 우리가 개혁을 말함은 개혁의 의미를 되새기고자 함이 아니요, 기독교에서의 참 개혁과 예배 개혁의 필요성을 언급하고자 함이다. 기독교에서 우리가 개혁을 하고자 할 때 무엇보다 우리는 테스터인 성경으로 돌아가게 된다. 즉 우리가 예배의 개혁을 말할 때는 성경으로 돌아가서 예배의 모습을 찾아봐야 한다.

성경을 비추어 볼 때 예배는 말씀 예전과 다락방 예전으로 나뉘며, 2세기 중엽에 이르러 말씀 예전과 다락방 예전이 구성되어서 예배형식을 어느 정도 갖추기 시작했다.

말씀 예전	다락방 예전
1. 예언서, 서신, 복음서의 구절낭독	1. 평화의 입맞춤
	2. 봉헌(가난한 자를 위한 헌금. 성물을 들여오는 일)
	3. 성별기도(창조, 섭리, 구원에 대한 감사)
2. 성서귀절에 기초한 교훈과 권고	4. 주의 고난의 기념(후에 아남네시스(anamnesis)로 알려짐)
	5. 자기봉헌과 함께 헌금함
3. 공동기도 (연도의 형식을 했을 것임)	6. 떡과 포두주의 선물을 축복하기 위한 말씀과 성령의 기원(후에 에피클레시스(epiclesis)로 알려짐)
	7. 중재기도
	8. 회중의 아멘
	9. 성체분할식
4. 시편과 찬송	10. 분병과 분간
	11. 집례자에 의한 해산

각각의 예전은 위와 같은 순서로 진행되었음을 알 수 있다.

하지만 우리는 다락방 예전에 대한 의미를 상실해버린 채 말씀 예전을 중심으로 하는 예배에 몰입하고 있다. 그것도 초대 교회의 사도적 전승과는 다소 괴리된 채로 각 교회의 신앙적 관점에서 제기된 예배의 풍속을 그저 습관적으로 유지하고 있다.

예수께서 요한복음을 통하여 신령과 진정의 예배를 제창하고 있음을 유의해야 한다. 신령과 진정한 예배란 무엇인가? 좀더 원문의 의미를 살린다면 성령과 진리의 예배로 번역되어야 할 이 예배는 하나님과 함께하는 예배(성령도 하나님이요, 진리도 하나님이다.(진리=예수)를 말하는 것이다.), 장소도 시간도 구애됨이 없이 하나님과 함께하는 예배, 즉 삶 속에서의 예배를 말씀하고 있는 것이다. 사도 바울은 우리 몸이 바로 그리스도 자체요, 교회라고 하였다. 그리스도의 자체적 삶이 바로 예배인 것이다.

이러한 예배에는 성령의 임재하심과 역사하심이 항상 강조되는데, 성령의 임재를 망각하고 예배의 예식을 형식적이고도 도식적인 것으로 전락시킨 결과가 바로 우리가 역사를 통해서 보는 중세의 종교 타락기를 만들어 낸 것이다. 종교 개혁 후에도 또다시 성령의 임재를 부인하고 습관적, 관습적인 예배가 성행하고 있는 한국 교회의 예배 개혁은 진지하게 논의되어야 한다.

바울이 그의 서신을 통해 말하고 있는 예배는 그 교회적 상황에 충실하되 그리스도의 복음(약자와 빈자를 구제하는) 안에서 행하라는 것이며, 그 예배의 본래 목적에 합당하도록 예배를 드리라는 것이다.

한국 교회에 예배 갱신 운동이 일어나고 있음은 바람직한 현상이다. 하지만 이러한 현상들도 또한 일시적인 유행처럼 번지고 있는데 문제가 있으며, 교회의 상황적 분석보다는 피상적인 정보에 의한 무분별한 적용의 문제점을 보이고 있기도 하다. 무엇보다 우려스러운 것은, 이러한 예배 갱신이 또다시 하나의 예배 포맷을 만들어 내지 않을까 하는 것이다. 이러한 문제를 해결하는 방법은 우리가 성령님을 최대한 존중하고 도우심으로 예배하는 것이며 궁극적으로 삶으로서 예배를 드리는 일일 것이다.

2018년 어느 목사님의 설교

예수님은 약 3년 동안 공적인 활동을 하셨는데, 천국 복음을 선포하시고 가르치시며 병든 자들을 고치셨습니다. 그리고 십자가에 못 박혀 대신 죽으셨습니다. 죽은 지 3일 만에 부활하셨으며, 사십일 동안 제자들에게 나타나셨고, 제자들이 보는 가운데 승천(昇天:하늘에 올라감) 하셨습니다.

승천하시기 전에 제자들에게 분부하시기를 "온 천하 만민에게 복음을 전파하라. 병든 자를 고치라. 성령을 받으라." 하셨습니다. 제자들은 예수님의 분부대로 행하였습니다. 그들은 예루살렘의 한 집에 모여 간절히 기도하였습니다. 그로부터 열흘이 되어 성령 세례를 받았습니다. 성령이 충만하여 권능을 받은 제자들은 담대하고 열정적으로 복음을 전파하고 병든 자를 고치는 일을 하였습니다. 마가복음 16장 20절에 기록되기를 "제자들이 나가서 모든 곳에서 복음을 선포할 때에 주께서 함께 일하시며 따르는 표적을 통하여 말씀을 확증해주셨다."고 하였습니다.

주께서 함께 하셨다는 것은 승천하신 예수께서 성령강림으로 말미암아 제자들과 함께 하시며 병 고침을 비롯한 표적들이 따르게 하셨다는 뜻입니다. 따르는 표적이라고 형용하셨습니다. 따른다는 것은 그 표적에 선행된 일이 있음을 의미합니다. 주님께서 주시는 표적이 따르게 하기 위해선 먼저 있어야 하는 것이 있습니다. 그것은 믿음입니다. 하나님의 약속이 있을지라도 믿지 않으면 그 약속의 성취를 볼 수 없습니다.

하나님께서 아브라함에게 언약하시기를, 그의 후손에게 가나안 땅을 기업으로 주시겠다는 약속을 하셨습니다. 가나안 땅에 거주하고 있던 아브라함의 후손들은 기근이 심할 때에 애굽으로 이주하였습니다. 애굽의 총리가 된 요셉의 승낙을 받고 그의 부친과 그 자손을 초청하였던 것입니다. 요셉 덕분에 이스라엘 자손들은 애굽에서 우대를 받고 생활하였으며 번성하게 되었습니다.

그런데 세월이 지나 요셉을 알지 못하는 다른 왕조가 애굽을 통치하면서 이스라엘 자손들은 노예취급을 당하였습니다. 일찍이 하나님은 아브라함에게 말씀하시기를 "너는 정녕히 알라. 네 자손이 이방에서 객이 되어 그들을 섬기겠고 그들은 사백 년 동안 네 자손을 괴롭게 하리니, 그 섬기는 나라를 내가 징치할지며 그 후에 네 자손이 큰 재물을 이끌고 나오리라."(창 15:13~14) 하였습니다.

이스라엘 사람들이 애굽으로 이주한 지 어느덧 사백 년이 되었습니다. 그들은 가나안 땅으로 돌아갈 마음이 없었습니다. 하지만 괴로움이 극심하게 되니 비로소 하나님께 호소하였습니다. 하나님께서는 모세를 이스라엘 자손들의 영도자로 보내셨습니다. 모세는 하나님의 권능을 입어서 애굽 왕을 굴복시키고 이스라엘 자손들을 이끌고 애굽을 떠났습니다.

그러나 애굽에서 나올 때 20세를 넘은 사람들은 전부가 가나안에 들어가지 못하고 광야에서 사십 년간 방황하다가 죽었습니다. 그 까닭이 무엇입니까? 그들이 하나님의 약속을 믿지 아니하였기 때문입니다. 그들이 처음부터 믿지 아니한 것은 아닙니다. 믿었기 때문에 애굽에서 나왔습니다. 그런데 중도에 믿음을 버리고 말았습니다. 이를 볼 때 우리는 하나님이 언약이 성취되기까지 믿음을 지속적으로 지녀야 한다는 교훈을 얻게 됩니다.

믿음을 훼손시키는 장애물들이 가로놓이게 될 때, 이를 극복해야 합니다. 하나님의 약속이 자신에게 현실되기 위해서는 믿음을 결합시켜야 합니다. 약속에 대한 지식만으로는 따르는 표적을 볼 수 없습니다. 지식은 믿음을 가지는데 반드시 필요한 것이지만, 믿음을 결합시키지 않으면 그 지식은 죽은 지식에 불과합니다. 죄의 사함을 받고 영생을 얻는 것뿐 아니라 성경에 기록된 수많은 언약들은 믿는 자를 위하여 주신 것입니다.

믿는 자에게는 그 약속이 실제화된 표적이 따르게 됩니다. 예수님은 그에게 치료 받기 위해 온 사람들을 향해 "내가 이 일 할 줄 믿느냐?"라는 질문을 던지셨습니다. "주님, 제가 믿습니다."라고 대답하니 "네 믿음대로 되라."고 말씀하셨습니다. 우리에게는 표적이 따르게 하는 믿음의 근거가 있습니다. 성경에 기록되어 있는 하나님의 말씀입니다. 하나님의 언약입니다. 하나님의 언약에 믿음을 결합하면 표적이 따르게 되니 놀라운 은혜입니다. 성도 여러분은 하나님에 대한 지식이나 하나님의 언약에 대한 지식을 가진 것으로만 만족할 것이 아니라 믿음을 결합하시기 바랍니다.

어떠한 장애물이 있어도 이를 극복하고 지속적으로 믿음을 가져야 합니다. 그러하면 주님께서 여러분과 함께 일하시며 따르는 표적을 주실 것입니다.

불교

연기법(緣起法)

불교의 근본 교리인 인연(因緣)의 이치. 연기는 여러 가지 원인(原因)에 의하여 생기는 상관관계의 원리이다. 연기란 인연의 이치를 말하며, 이를 차연성(此緣性: 이것에 연유하는 것) 또는 상의성(相依性: 서로 의존하는 것)이라고 하는데 현상의 상호 의존관계를 가리킨다. 모든 현상은 무수한 원인(原因)과 조건이 상호관계를 맺은 결과 성립되므로, 자존적인 것은 하나도 없고 원인이 없으면 결과도 없다.

인류 생활 속 유무(有無 - 있다. 없다.)에 대해서 분석하면 절대적 있음과 상대적 있음으로 나누어 볼 수 있다. 절대적 있음은 우주적 있음으로 지구, 태양, 별들과 같이 고정적으로 존재함이며, 상대적 있음은 생명체 및 사물(事物)들의 있음으로 없음을 전제로 한 있음이다.

상대적인 있음은 상대적이란 말처럼 저 혼자 존재할 수 없고, 대응하는 없음이 있어야 비로소 있음이 존재할 수 있다는 것이다. 없음도 마찬가지로 있음 없이는 존재할 수 없기 때문에 항상 동시에 존재한다. 그러니 있음이라고 하는 순간 바로 없음이 동시에 생겨나고, 없음이라고 말하면 있음을 전제로 하는 것이다. 없음이란 뭔가 있다가 그 있던 것이 없어져야 없음이라는 것이므로 있음 없는 없음은 상상조차 할 수 없고 없음은 있음에 무조건적으로 의존한다.

이것이 있으면 그것이 있고, 이것이 생기기 때문이 그것이
생긴다. 이것이 없으면 그것도 없다. 즉 태어나기 때문에 죽는
것이 있다. 태어나지 않으면 죽는다는 것이 없고, 죽음이 없으
면 태어남의 말이 필요 없으므로 독자적인 개념은 성립되지
않는다.

연기설은 현상의 시간과 공간에 걸친 일체의 관계를 설명하
고, 또 현상의 시간과 공간에 의한 사실관계뿐 아니라 현상들
사이의 이론적인 논리 관계까지도 설명하는 것이다. 불교 대
부분의 학설은 연기설에 포함된다고 할 수 있다.

연기법은 불교의 핵심사상이며, 연기는 여러 가지 원인에 의
하여 생멸하는 상호관계를 말한다. 물질에 연유하는 상호의존
성(相互依存)을 가리킨다. 생명체는 항상 함이 없는 생멸을 반
복하는 것이며, 일정한 조건하에서 일정한 움직임을 가지는
것이다. 그리고 그 움직임의 법칙을 연기라고 한다.

이러한 뜻에서 연기에는 일반적 연기와(外緣起) 가치적 연기
의(內緣起) 두 가지가 있다. 불교에서 필요한 것은 가치적 연기
이지만, 그 기초로서 또는 그것을 비유적으로 설명하는 것으
로 일반적 연기가 필요하다. 이 연기설에 근거하면 현재의 존
재는 과거 없이 존재할 수 없으며, 우리의 주위 환경 및 그 전

체의 역사 없이는 존재할 수 없는 것이다.

부처님은 본 연기설을 인간에게 적용하여 늙어 죽는 것은 태어남으로 일어나고, 또한 괴로움은 근원적 무지무명(無知無明)한 생각에서 생기며 반대로 생각을 바꾸면 고통도 없어진다고 보았다. 그리고 이것을 계열화하여 12연기로 설명하였다.

1. 12연기법

무명(無明)	- 태어나려고 임신도 하지 않는 상태. 즉 공의 상태를 말한다.
행(行)	- 부부가 만나 '자식을 낳아야지.'라고 생각하는 단계
식(識)	- 조상과 부모의 마음을 받아 수태하는 것을 말한다.
명색(名色)	- 어머니의 배속에서 태가 생기고 몸의 행체가 생기는 것을 말한다.
육입(六入)	- 눈, 귀, 코, 입, 혀, 몸, 생각 등 여섯 가지 기관을 가지고 태어남을 말한다.
촉(觸)	- 태어나 육입으로 객관을 접촉하는 것을 말한다. 4세까지는 사물을 정확하게 분별하는 기능을 갖추지 못한다.
수(受)	- 감수 작용을 말한다. 7~8세까지 사물을 이해하고 분별하는 시기를 말한다.
애(愛)	- 사춘기를 말한다.
취(取)	- 성인이 되어 애욕 물욕 욕심을 내는 소유욕을 말한다.
유(有)	- 과욕이 생기며 부모나 조상들로부터 받은 좋고 나쁜 염색체들이 왕성하게 활동하는 시기를 말한다.
생(生)	- 생활 전체를 말한다.
노사(老死)	- 늙고 죽음을 말한다.

부처님께서는 12연기의 인간 생명을 설하시고 다음으로 8정도를 설하셨다.

2. 팔정도(八正道)

정견(正見)	- 모든 이치를 진리적으로 바로 본다는 것
정사유 (正思惟)	- 행동과 말을 하기 전에 바른 생각을 한다는 것
정어(正語)	- 나쁜 말을 하지 않고 좋은 말을 바르게 하는 것
정업(正業)	- 선업의 행동과 말을 하는 것
정명(正命)	- 건강한 생명을 유지하고 바른생활을 하는 것
정정진 (正精進)	- 진리를 바로 알고 몸과 마음으로 행하는 것
정념(正念)	- 마음을 잘 수행하여 바른 마음이 되는 것
정정(正定)	- 정신을 통일하여 마음이 밝아지게 하는 것

3. 사성제(四聖諦) - 사제(四諦)라고도 한다.

고(苦)	불안하고 고통으로 가득 차 있는 현실을 바르게 보는 것		
집(集)	여러 가지 일들이 일어나기 위하여 모인 생각		
멸(滅)	나쁜 애욕 탐욕 성냄 어리석음 등이 사라진 상태		
도제(道諦)	진리를 알고 정념과 정행을 하는 것. 4성제 마지막 도제는 3학을 닦아서 성취한다. 여기에 스님들은 2백 7십계를 지켜야 한다.		
	3학	계(戒)	일반인들의 5계 ⓐ 살생(殺生) 생명을 죽이지 말라 ⓑ 사음(邪淫)은 부부 이외의 불륜을 하지 말 것 ⓒ 망어(妄語)는 거짓말을 하지 말 것 ⓓ 투도(偸盜) 도둑질을 하지 말 것 ⓔ 금주(禁酒) 술을 마시지 말 것
		정(定)	마음을 한 곳에 모아 흩어지지 않게 하여 진정한 진리를 올바르게 사유(思惟)하고 생각을 안정화하여 일념부동의 경지에 들어 우주 진리와 내가 일체가 되는 삼매를 닦는 법
		혜(慧)	진리를 닦아서 본 면목이 나타나는 진공묘유(眞空眇有)를 말한다. 즉 공한 가운데 생이 있는 이치를 말한다.

화엄경 요약(세계최고철학)

본경은 부처님 깨달음의 내용을 그대로 표명한 경전이며 가상의 또 다른 부처님(비로자나불)을 교주로 한다.

경전의 이름은 대방광불화엄경(大方光佛華嚴經)으로 기원전 100년경에 만들어진 경전이다. 한역본(漢譯本)은 서기 418~420년 인도인 불타발타라가 60권으로 한문 변역하였고, 그 후 서기 695~699년 실차나타가 80권으로 다시 번역하였다.

화엄경은 부처님이 6년간의 고행 끝에 깨달음을 얻고 말씀하신 것을 3백년 후에 기록한 것이다.

그때 부처님은 비로자나불(假相)과 일체가 되어 있었다. 따라서 많은 보살(가상)이 차례로 일어나 부처님을 찬양하는 노래를 불렀다.

긴 찬양노래가 이어진 다음 이 아름다운 세계가 부처의 신력(神力)으로 크게 진동하고, 향기롭고 보배로운 구름이 무수한 공양구(供養具)를 비처럼 뿌린다. 이러한 세계를 연화장엄세계(蓮華莊嚴世界海)라고 한다.

제2회에서 부처님은 적멸도량에서 멀지 않는 보광법당의 사자좌(獅子座)에 앉아 있었다. 문수보살이 사제고집멸도(四第古集滅道) 진리를 설하며 또한 10인의 보살이 각각 10종의 심원한(深遠) 법을 설한다.

제3회부터는 설법의 장소를 천상으로 옮기고 여기서 십주법을 설하였다.

십주품(十住品) - 열 가지 머무는 마음	
초발 주(初發住)	- 처음 마음을 내는데 머무른다.
치지 주(治地住)	- 다스리는 근본에 머무른다.
수행 주(修行住)	- 마음을 닦는데 머무른다.
생귀 주(生貴住)	- 진리의 귀한 마음에 머무른다.
구족방편 주 (具足方便主)	- 잘할 수 있는 방법에 머문다.
정심 주(正心住)	- 바른 마음에 머무른다.
불퇴전 주(不退轉住)	- 물러남이 없는 마음에 머무른다.
동진 주(童眞住)	- 어린이의 착한 마음과 같은 마음에 머무른다.
법왕 자(法王子)	- 진리 법 왕자에 머무른다.
관정 주(灌頂住)	- 지혜의 꼭대기에 머무른다.

제4회는 십행을 설하였다.

불교용어에서 중생(衆生)이라 함은 ① 태로 태어나는 것 ② 알로 태어나는 것 ③ 습기에서 태어나는 것 ④ 온기(溫氣)에서 태어나는 것이며, 이러한 중생이 해야 하는 열 가지 행동은 다음과 같다.

십행품(十行品) - 열 가지 행동	
환희행(歡喜行)	- 중생을 기쁘게 하는 행동
요익행(饒益行)	- 중생에게 넉넉한 이익을 얻게 하는 행동
무양한행 (無恙恨行)	- 중생이 병을 없게 하는 행동
무진행(無盡行)	- 끝이 없이 계속 선행을 하는 행동
이폐난행 (離廢亂行)	- 중생이 어려움이 없게 하는 행동

선현행(善現行)	- 중생에게 선함을 나타내는 행동
무착행(無著行)	- 의복을 나누어 주는 행동
존중행(尊重行)	- 중생을 존중하는 행동
선법행(善法)	- 중생에게 선한 법을 가르치는 행동
진실행(眞實行)	- 중생에게 거짓이 없는 행동

제5회는 십회향을 설하였다.

십회향(十回向) - 중생에게 열 가지 돌려주는 법	
구호일체중생 리 중생상회향 (救護一切衆生 離衆生相 回向)	- 공덕을 중생에게 돌려 모든 중생을 차별하지 않고 구 제하고 보호함
불괴회향(不壞回向)	- 굳은 믿음을 중생에게 돌려 중생이 이익을 얻는 것
등 일체 불 회향 (等一切佛回向)	- 모든 부처가 한 것과 같이 공덕을 중생에게 회향
지 일체처 회향 (至一切處回向)	- 자신이 닦은 청정한일을 두루 중생에게 회향
무진공덕 회향(無盡功德藏)	- 끝없는 공덕을 중생에게 돌려 회향
수순평등 선근회향 (隨順平等善根回向)	- 자신이 닦은 청정한 일을 중생에게 돌려 중생이 청정 한 일을 하게 하는 것
수순 등관일체회향 (隨順登觀一切衆生回向)	- 자신이 닦은 모든 청정한일을 중생에게 돌려 중생이 이 익 되게 회향
여상회향(如相回向)	- 자신이 닦은 청정한일을 그대로 중생에게 돌려주는 것
무박무착 해탈회향 (無縛無著解脫回向)	- 모든 대상에 집착하지 않고 해탈한 마음으로 자신이 닦은 청정한 일을 중생에게 회향
법계무량회향(法戒無量回向)	- 한량없는 일을 중생에게 돌려주는 것

제6회는 십지(十地)를 설하였다.

십지품(十地品) - 열 가지 지혜를 말한다.	
환희지(歡喜地)	- 깨달음의 눈이 뜨여 기쁨으로 가득 찬 경지
이구지(離垢地)	- 나쁜 습성을 떠나버리는 것
명지(明地)	- 지혜의 빛이 나타나는 것

염지(燄地)	- 그 지혜가 더욱 증대되는 것
난승지(難勝地)	- 어떠한 것에도 지배되지 않는 평등한 것
현전지(現前地)	- 일체는 허망하여 오직 마음의 활동에 지나지 않는 것
원행지(遠行地)	- 생사에 매이지 않고 자유로운 경지
부동지(不動地)	- 지혜가 다시 파괴되지 않는 경지
선혜지(善慧地)	- 진리의 비밀법장에 머물러 대력을 얻는 경지
법운지(法雲地)	- 무수한 진리로 일반인을 교화하는 경지

제6회의 십지는 보살의 수행단계를 10종으로 나누는 것으로, 화엄경 중에서도 매우 중요한 부분이다.

제7회에서는 지금까지 설법이 요약되고, 제8회에는 선제동자(善弟童子)라는 소년이 차례로 53명의 스승을 찾아 법을 구하는데 보살만이 아니고 비구(남자 신도)와 비구니(여자 신도), 소년, 소녀, 의사, 뱃사공, 외도(外道)도 포함되어 있다. 이는 구도심(求道心)에는 계급과 타종교도 문제가 되지 않는다는 표현이다.

불교의 계율

불교 실천론(實踐論)의 골격은 계(戒), 정(定), 혜(慧)의 3학(三學)이다. 계를 실천함으로써 정(정신동일)을 얻고, 정을 체득함으로써 혜(열반涅槃)에 이른다. 따라서 계는 해탈에 이르는 관문이다. 해탈하려는 사람에게 계는 자율적인 행동원칙이며 일상생활의 경계(警戒)이지만, 불교 교단이 성립하면서부터는 출가자(出家者)와 재가자(在家者)가 확연히 구분되었으며 출가자에게는 계를 기본으로 한 여러 가지 율이 정해졌다. 불멸(佛滅) 후 제3회 결집을 할 때 종래의 관행이나 규범을 정리·집성하여 계율의 체계인 〈율장(律藏)〉이 성립되었다.

재가자에게는 불살생(不殺生), 불투도(不偸盜), 불사음(不邪淫), 불망어(不忘語), 불음주(不飮酒) 등의 오계(五戒)를 비롯해 팔재계(八齋戒) 등이 제도화되었고, 출가자에 대해서는 사미(沙彌 - 결혼 전 남자)와 사미니(沙彌尼 - 결혼 전 여자)의 10계, 비구(比丘 - 결혼 후 남자)의 250계와 비구니(比丘尼 - 결혼 후 여자)의 348계 등 수행규칙이 정해졌다. 비구와 비구니가 지켜야할 계를 구족계(具足戒)라고 하는데 완전한 계율이라는 뜻이다.

현시대에 계율조명

종교의 계율은 현재의 법률과 비슷하다. 종교도 계율이 없거나 지키지 않으면 종교집단을 이룰 수 없고, 법률 또한 없으면 국가의 유지가 어렵다. 계율과 법률도 시대에 따라 바뀌는 것은 당연할 것이다. 그러나 바꾸어야 할 것이 있고 바꾸지 않아야 할 것이 있을 것이다.

첫째, 성직자(聖職者)들이 계율을 철저히 지켜야 하는 것은 너무도 당연하다. 계율 중에 독신생활, 즉 가정을 두어서는 안 되는 것이 있는데, 이는 종교의 공금으로 가족을 부양하면 계율이치에 맞지 않기 때문이다. 기독교뿐만 아니고 불교도 일본은 대부분 가정을 이루지 않고, 한국은 극소수의 종파가 가정을 허용하고 있다.

신도들의 사랑의 헌금이 불우 이웃에게 쓰여야 올바른 사회가 유지되고 종교가 발전할 것이다.

둘째, 성직자들이 사치와 낭비를 하면 안 될 것이다. 신도와 신자들의 모범을 보여야 하기 때문이다. 성직자분들은 마음을 수행하여 일반인들과 다른 지극한 사랑과 자비, 적선을 이루어야 하는데 부부생활을 하면 마음을 닦는데 커다란 장애가 일어난다. 중년에 집에서 밤낮으로 기도시간을 10시간 이상 설정해 1개월 동안 기도를 하는데, 부부 생활을 하고난 다음부터 약 1주일간 기도가 되지 않는 경험을 하였다.

셋째, 신도들도 계율을 지켜야 함은 물론이나 현실적으로 지키기 어려운 것이 많다. 살생, 특히 동물을 살생하지 말라고 하는데 일부 야생동물은 현행법으로 살생을 금지하고 있다. 그러나 사육하는 동물은 법으로 살생을 허용하고 있다.

불교에서는 가능한 육식을 먹지 말라고 하는데 우리나라에서는 불가능에 가깝다. 차선책으로 살생 후 3단계 이상 상인의 손을 거쳐 구입하라고 하고 있다.

육식을 하는 것은 기도 수행에 장애가 된다. 의학적으로 봐도 육식을 하면 체식보다 혈액이 탁(濁)하여 뇌의 작용에 지장을 초래한다. 성직자 분들이나 일반인들도 계율을 가능한 지키는 것이 건강과 행복에 도움이 된다.

2562년 전, 인도에서 태어난 석가모니 왕자가 불교를 창건하였다. 불교는 고통의 근원을 분석하여 없어지게 하고 행복을 지향하는 종교이다. 불교의 핵심적인 교리는 삼법인(三法印)으로로 3가지 진리의 법이 변하지 않는다.

제행무상 (諸行無常)	살아 있는 것은 영원하지 않다.
제법무아 (諸法無我)	살아 있는 것은 나라고 주장할 수 없다. 즉 자연조건, 지수화풍의 조건에 의해서 존재하며 조건이 없어지면 살아 있는 실체가 없어진다.
열반적정 (涅槃寂靜)	진리라고 하는 것은 고요하다. 모든 존재 현상이 시간적으로 서로 관계되어 있으므로, 나라고 하는 독립적인 실체가 없어 무아이다. 그러나 인간들은 이런 시공간적 연기성을 인식하지 못하거나 알고도 인정하지 않는 교만한 집착을 가지고 살아간다. 이런 집착과 착각들이 고통의 늪 속에서 허덕이게 한다.

불교 수행의 핵심인 정념(正念)은 바른 생각인데, 인간을 분석하여 보면 몸과 생각이 전부다. 몸이 있어도 생각이 없으면 사람이라고 표현하기 어렵다. 다른 동물도 사람의 몸과 다를 바 없다.

종교 또한 마음을 정념으로 가리키는 것이다. 정념의 정의는 종교에 따라 기독교의 사랑, 불교의 자비, 유교의 적선으로 살아가는 것 이외에 다른 문장이나 표현이 없는 것이다.

정견(正見) 또한 정념에 속한다. 바로 본다는 뜻은 눈으로 바로 본다는 것도 있지만, 본뜻은 바로 생각하는 것을 의미한다. 눈으로 물체를 보는 것은 누구나 바로 본다.

정청(正聽) 바로 듣는 것이다. 누구나 귀를 통해 소리를 있는 그대로 듣는다. 하지만 분별은 마음이 한다.

이처럼 인간들이 바른 마음으로 분별하여야 한다고 모든 종교는 가르치고 있는 것이다.

삼십칠조도품(三七助道品) - 열반에 들기 위해 실천해야 할 37개 항목을 이르는 말

조도품은 실천하는 방법의 종류를 뜻하고, 三十七(삼십칠)은 사념처(四念處), 사정근(四正勤), 사여의족(四如意足), 오근(五根), 오력(五力), 칠각지(七覺支), 팔정도(八正道) 등 일곱 가지 수행 방법을 합친 것이다.

사념처	네 가지 마음을 두는 곳 신수력심법(身受心法)을 말한다. 이것은 범부가 지닌 상(常)과 낙(樂), 아(我), 정(淨)의 치우친 견해를 깨뜨리는 것을 말한다. 몸은 부정(不淨)한 것이고, 받아들이는 모든 인식은 고통이며, 마음은 무상한 것이고, 법은 무아관(無我觀)으로 통찰하라는 것이다.
사정근	선을 키우고 악을 버리는 네 가지 바른 노력을 말한다. 아직 나타나지 않은 악을 방지하기 위해 노력하고, 이미 생긴 악을 끊기 위해 노력하며, 아직 나타나지 않은 선이 나타나도록 노력하고, 이미 나타난 선을 키우기 위해 노력함을 말한다.
사여의족	여의란 말의 뜻은 '일을 뜻대로 할 수 있는 신통력'으로 정(定)을 얻는 수단을 말한다. 네 가지 여의족 중 욕(慾)은 선정을 얻으려는 노력을, 염(念)은 높은 경지에 바르게 머물고자함을, 진(進)은 쉬지 않고 정진함을, 사유(思惟)는 사유하여 마음이 흩어지지 않음을 뜻한다.
오근	다섯 가지 감각기관인 눈, 코, 귀, 혀, 몸을 닦는 것으로 감각기관의 감성력(感性力)을 키우는 것을 말하며, 신근(身根)과 근근(勤根), 염근, 정근, 혜근이 있다. 이중 근근은 4정근을, 염근은 4념처를, 신근은 무너지지 않는 깨끗한 믿음을, 정근은 4선(禪)을, 혜근은 4성제를 바르게 아는 것이다.
오력	오근을 닦을 때 얻어지는 힘으로, 능력이 확고하게 성장한 상태이며 악을 쳐부수는 신·진·염·정·혜(信進念定慧)의 다섯 가지가 있다.
칠각지	각지라고도 하며, 지혜로서 진(眞), 망(忘), 선(善), 악(惡)을 분별하는 일곱 가지 방법을 이르는 말이다. 염지(念支), 택법지(擇法支), 정진지(精進支), 희지(喜支), 경안지(輕安支), 정지(定支), 사지(捨支)가 있다.
팔정도	열반에 이르는 여덟 가지 수행법을 이르는 말로 바른 견해, 바른 사유, 바른 말, 바른 행동, 바른 생활, 바른 노력, 바른 사유, 바른 정신통일이 있다.

사념처(四念處)

불교에서 마음을 깨어 있게 하는 네 가지 수행법.

불교에서 깨달음을 얻고 지혜를 얻기 위한 37조도품(三七助道品) 가운데 첫 번째 수행 방법이다. 사념주(四念住), 사의지(四意止), 혹은 사념이라고도 하며 자신의 몸과 감각, 마음과 법에서 일어나는 여러 가지 변화를 관찰함으로써 제행무상(諸行無常), 제법무아(諸法無我), 일체개고(一切皆苦)의 세 가지 진리를 깨닫고자 하는 것이다.

1. 신념처는 자신의 몸과 관련된 현상. 즉 호흡, 동작 등을 관찰하여 몸의 세계에서 일어나는 탐욕과 혐오를 극복하는 수행법이다. 정신을 집중하여 몸 안팎의 움직임을 관찰함으로써 육신은 죽어서 썩을 부정(不淨)한 것임을 깨닫는 것이다.

2. 수념처는 느낌의 세계에 대한 탐욕과 혐오를 극복하는 수행법이다. 감각의 실체를 있는 그대로 깨달아 음행, 자녀, 재물 등의 즐겁다고 느껴지는 것들이 실은 즐거움이 아니라 고통이라는 사실을 깨닫는 것이다.

3. 심념처란 마음의 세계에 대한 탐욕과 혐오를 극복하는 수행법이다. 마음은 늘 대상에 따라 변화하고 생멸하는 무상한 것이다. 따라서 마음에 욕심이 있다면 욕심이 있는 참뜻을 알고, 욕심이 없다면 욕심이 없는 참뜻을 알아 모든 마음의 참뜻을 깨닫는 것을 말한다.

4. 법념처란 정신적 대상에 대한 탐욕과 혐오를 극복하는 수행법이다. 앞의 세 가지 외에는 자아라고 할 실체가 없고, 자아가 없음으로 소유도 없다는 진리를 파악하는 것이다. 그리하여 눈을 통하여 생기는 번뇌의 생멸에 대하여 깨닫는 것을 말한다.

사념처는 본질적으로 추구하는 것이 같기 때문에 수행자의 특성에 따라 적합한 방법을 선택하여 어느 하나만이라도 성취하면 곧 해탈하여 궁극적으로 아라한과를 얻거나 아뇩다라삼막삼보리를 이룬다고 한다. 경전에서는 "중생을 깨끗하게 하여 괴로움을 없애고, 나쁜 법을 없애고, 바른 법의 이익을 얻게 하나니, 그것이 곧 사념처."라 하였다. 석가모니가 개발한 피파사나 수행법의 한 부류로써 주로 남방불교 승려들이 사용한다.

4

불교의
선 수행禪 修行

묵조선(默照禪)

이 명칭은 서기 1104~1162년 남송(남송)시대 임제종(불교종파)의 굉지정각 스님이 묵조명(默照銘)이라는 서적을 펴낸 뒤, 수행자들이 무조건 면벽좌선(面壁坐禪)함을 야유하며 이같이 불렀던 데서 유래한다.

묵조선은 스스로의 자성(自性)이 본래부터 청정하다는 자성청정(自性淸淨) 원리를 기본으로 한 수행법으로서, 어느 날 갑자기 대각(大覺)을 기대하는 것이 아니라 자기 속에 내재하는 본래 청정한 자성에 전적으로 의뢰하는 선법이다. 굉지정각은 그의 저서 묵조명을 통하여 묵조선만이 불조(佛祖) 정신의 참된 선이라고 주장했고, 대혜종고 스님은 묵조선을 사선(邪禪)이라 공격했지만 결국 양자의 차이는 본래 면목을 추구하는 방법의 차이이다.

묵조선은 자칫하면 그저 벽만 쳐다보면서 허송세월을 할 수 있다는 단점 때문에 대혜는 위와 같은 혹평을 한 것이다. 그러나 간화선에도 병폐가 없는 것은 아니다.

간화선의 초창기는 선지식이 그때그때 학인의 물음에 따라 근기에 맞춰 격외담으로 그에게 꼭 맞는 화두를 창안해주었다. 하지만 송대에 와서는 이미 정화된 1700 화두 중에서 하나를 선택해서 참구토록 해, 마치 시장에 가서 기성복을 사서 입히는 것과 같았다. 이러다 보니 화두에 주작심(做作心 - 인위적으로 조작하는 마음)이 진의(眞疑)는 어렵고, 뿐만 아니라 사량분별심으로 화두공안을 알려고 하는 자, 경전이나 조사어록에서 인증하여 알려는 수행자 등 여러 병폐가 생겼다.

묵조선은 방법적으로 마음을 가다듬어 밖으로 반연(攀緣) 얽힌 인연을 쉬고, 안으로 헐떡거림을 쉬게 하는 수행법을 기본으로 한다. 이렇게 보면 묵조선의 시조는 달마대사라고 힐 수 있다. 달마에서 홍인 스님까지의 수인증과(修因證果)는 오랫동안 조용히 앉아 호흡을 고르고 마음을 관하는 정좌간심(靜坐看心), 선수후오(先修後悟) 초기의 묵조선이었다.

간화선(看話禪)과 공안(公案)

간화선을 개발한 스님은 중국의 임제 스님으로, 867년 입적하였으며 간화선을 창안 하였다. 불교에는 묵조선, 화두선, 공안선 등 여러 종류가 있으나 지금까지 제일 많이 수행하는 간화선을 택하여 설명하는 것이 타당할 것이다.

간화선 공안이라는 것은 밝게 등록한다는 뜻이다.

선사들이 비록 언설이나 문자사용을 금기하지만 후학 지도법에는 매우 간결한 언설과 다양한 행위가 가차(假借)된다. 이러한 경향은 공안명칭 사용 이전과 공안집 성립 이전부터 계속되었으며 이후 선승(先僧)들의 선문답을 주제로 한 지도법에서 많은 눈 밝은 선지자가 배출된 것을 전적을 통해서 볼 수 있다. 이것은 공안명칭 사용 전부터 공안을 방편으로 한 지도와 수행은 계속되어 왔다는 것을 의미한다. 이후 공안집 성립으로 활성화 되었고, 간화선 확립으로 더욱 흥성하게 된 것이다.

공안을 구분하여 지도하는 방식은 임제부터 시작되어 분양선소에 이르러서는 공안문답이 더욱 세분되며, 이것은 당연한 학인이 처한 상황과 견처(見處), 그리고 그 진위를 바로 알아볼 수 있는 방편으로 사용된다. 그러나 이러한 방식들은 자유자재 하고 활발한 공안이 점점 형식화 되어가는 결과를 초래한다. 또한 분양이 본래 의도한 바와 상반된 결과를 초래한 문자선 풍조는 선종의 불립문자 원칙에 위배되는 것은 물론이고, 이후 선사들의 지도법이 다양하지 못하고 점차 일원화되는데 일조한다.

선승들의 자유자재 하고 활발한 선문답을 공안이라 칭하고 공안에 갖가지 해석이 가해져 공안집이 마침내 성립된다. 대혜 스님에 이르러서는 선승들의 공안을 참구하는 새로운 간화선 수행법이 제창되어 묵조선과 문자선의 병폐에 빠져 있던 당시 선종이 다시 흥성한다.

간화선은 선승들의 몇몇 공안을 참구하는 수행법으로 본뜻을 드러내고자 하지만, 그 흥성 또한 오래 지속되지 못하고 원, 명, 청 시대에는 선정겸수와 선교일치가 후학지도법으로 주로 사용된다. 당대(唐代)까지 볼 수 있었던 순수하고 날카로운 칼날 위에 오가던 선풍은 더 이상 기대하기 어렵게 된다.

간화선 수행법

좌선(坐禪)

좌선할 때에 가장 중요한 것은 정신을 집중하여 삼매에 드는 것이다. 좌선자세는 명상과 정신집중을 하기 위한 기본적인 준비 자세라 할 수 있다. 따라서 가부좌를 하고 호흡을 조절하는 것은 자신의 마음이 번뇌나 망상 속에 헤매거나 주위의 경계나 사물에 집착하지 않도록 자신의 본래면목을 되찾는 훈련이다.

좌선자세

좌선의 구체적인 자세는 고요한 곳에서 두터운 방석을 깔고 하며, 발은 두 발을 반대편 넓적다리 위에 놓는 가부좌가 기본이다. 이때 어느 쪽 발이 위로 와도 상관없지만, 몸 전체의 균형을 위해서는 두 발을 번갈아 위에 두는 것이 좋다. 또 두 발은 일(一)자가 되어 몸이 정 삼각형을 이루어야 하며, 다리가 들리지 않도록 주의해야 한다. 두 손은 포개서 발 위에 편하게 놓는데 위에 두는 손은 발의 순서와 일치하면 된다. 이때 두 엄지손가락 끝은 서로 맞대야 한다. 눈은 지그시 떠서 졸음을 쫓아야 하며 시선은 몸을 앞으로 구부려서 손끝이 닿는 지점에 고정시키는 것이 좋다.

다리가 아플 경우는 살며시 바꾸어 놓아도 무방하다. 망념이 일어나더라도 망념인 줄 알아채면 저절로 사라지니 절대로 붙들고 씨름할 필요가 없다.

좌선을 끝날 때의 방법은 다음과 같다. 집단으로 좌선하는 선방에서는 끝내는 신호에 따르기만 하면 되지만, 혼자서 할 때는 주의가 필요하다. 좌선이 끝나 일어설 때에는 천천히 몸을 움직인 후에 편안히 일어나고 갑자기 일어서서는 안 된다.

좌선에서 일어난 뒤에는 어느 때나 항상 좌선의 방법에 의해 선정(禪定)의 힘을 보호하고 유지하기를 어린애 돌보듯 해야 한다.

호흡법

수식관(數息觀)은 좌선을 하고 있는 자기의 호흡을 하나하나 세는 관법인데, 호흡을 세는 방법은 다양하다. 그 중 하나는 단전호흡을 하고 있는 자기의 호흡을 하나에서 열까지, 혹은 스물까지 마음으로 관찰하면서 숫자가 틀리지 않도록 정신을 집중시켜 세어 보는 것이다.

호흡은 한 번 들이마셨다가 내쉬는 것을 하나로 한다. 하나에서 열 까지, 혹은 스물까지 틀리지 않고 세었다면 다시 열이나 스물에서 거꾸로 세어 내려온다. 중간에 잡념이 일어나 숫자를 잊어버리면 처음부터 다시 시작한다.

또 다른 수식관은 숨을 천천히 들여 마시면서 '하-나' 하고 단전에 완전히 들여보내고 잠시 단전에 머물게 한 뒤, 숨을 천천히 내쉬면서 '두--울' 하면서 마음속으로 자기의 호흡을 관찰하며 세어보는 방법이다. 절대로 무리하지 말고 체질과 호흡의 리듬에 맞추어 자연스럽게 세어본다. 이 방법이 초보자들에게 가장 적합한데, 이유는 잡념이 들어갈 시간적인 여유와 공간을 두지 않기 때문이다. 그 덕분에 쉽게 자기의 호흡과 일치

되어 삼매에 들 수 있다. 이렇게 반복하여 자신의 호흡을 마음으로 관찰하는 방법에서 가장 중요한 것은, 마음으로 세고 있는 마음의 목소리를 마음의 귀로 또렷하게 듣고 자각해야 한다는 점이다.

참구법(參究法)

참구란 오래 참작한다는 뜻이며, 화두 참구의 핵심은 간절한 의심을 일으키는데 있다. 가령 '이뭣고' 화두를 예로 든다면. '이뭣고' 할 때 '이'를 약간 길게 하면서 마음속으로 '이- 하는 그 놈이 뭣 -고?' 하면서 의심을 길고 간절하게 가져가면 된다. 이렇게 의심을 강조하는 이유는, 의심이 볼록 터져나와야 망념이 달라붙지 못하기 때문이다.

한 생각 한 생각을 단속해 화두를 들며 역력하게 되면 망념이 정지되는 순간이 거듭 오게 된다. 이런 상태가 굳건해져 어떤 경우라도 '이뭣고?' 하고 드는 화두를 놓치는 일이 없게 돼오고 가는 생각의 길이 단절돼 힘을 얻게 된다.

마지막으로 화두에 대해 철두철미하게 의심하는 대 의심이다. 이 세 가지가 마치 손발처럼 작용해야 한다.

화두(話頭) 선택 시 주의할 점

졸음은 간화선 수행의 무서운 적이다. 수행자는 이를 극복하기 위한 일념으로 화두를 들어야 한다.

자신에게 꼭 맞는 화두를 고집하면 안 된다. 화두는 옛 선지식이 저마다 다른 수행자의 기틀에 맞춰 적절하게 쓴 영약이다. 선지식은 무(無)에 집착하는 사람에게는 그 집착을 깨뜨리기 위한 화두를 주고, 유(有)에 집착하는 사람에게는 그 유를 깨뜨리기 위한 화두를 주었다. 때문에 수행자는 선지식이 제시한 화두에 쉽게 의심이 걸리는 것이다.

그래서 수행자가 스승이 내려준 화두에 대해 그것이 '자신에게 맞다.', '자신에게 안 맞다.'라고 스스로 판단하는 것은 옳지 않다. 화두는 선지식에 대한 절대적인 믿음과 가르침 속에서 받아야 한다. 진정한 선지식이 자신의 온 생명을 내걸 수 있는 화두를 제시했을 때만이 그 화두를 활구로서 작용하게 된다.

화두는 오직 한 화두만을 들고서 지속적으로 공부해 나가야 한다. 화두를 함부로 바꾸면 안 된다. 화두 하나를 타파하면 다른 화두를 자연히 깨닫게 되기 때문이다.

화두참구 시 주의할 점

화두를 참구(參究)하는 것을 화두를 관(觀)하는 것과 혼돈하면 안 된다. 화두참구는 화두에 의정을 일으킨다는 뜻이고, 관한다는 것은 화두에 정신을 집중한다는 의미다.

화두는 참구해야지 그냥 집중만 해서는 진정한 의심이 일어나기 어렵다. 참구란 오롯이 의정을 이룬 상태에서 끊임없이 이어가는 것인 반면, 관이란 어떤 상이나 사물을 있는 그대로 계속 집중해 관찰한다는 점에서 큰 차이가 있다.

왜 화두를 관해서는 안 되는가. 화두를 관하면 나와 관찰되는 화두가 서로 나눠지게 된다. 즉 주객이 분리된 상태에서 화두를 대상화해 관하면, 그것은 화두를 드러내는 것이 아니다. 화두를 따라가며 관찰하는 것이다.

나라는 주관과 화두라는 객관이 나눠져 나와 대상, 주관과 객관, 나와 화두가 분리된다. 화두참구는 화두가 나와 하나가 돼 삼매에 들어야 한다. 요컨대 화두를 대상으로 관하면 나와 화두가 분리돼 타성일편이 되지 않는다는 것이다. 관념으로 화두라는 하나의 허상을 만들어내 그 허상과 일치하는 모습과 다르지 않다.

둘째, 화두가 들리지 않을 때 주력이나 화두를 입으로 소리 내어 외거나(誦話頭) 마음속으로 외면(念話頭) 안 된다. 화두참구의 생명은 의정을 일으키는 것인데 만약 의정이 일어나지 않으면 화두참구라 할 수 없다. 비록 잡념 없이 연이어 외워 화두에 지속적으로 몰두할 수 있더라도, 그런 방법으로는 절대로 화두를 타파할 수 없다.

병통의 극복

좌선을 할 때에 여러 가지 장애가 생긴다. 이것을 마군의 장애라고 해서 '선병'이라고 한다. 진각 혜심 선사는 간화결의론(看話決疑論)에서 '조주무자'화두를 참구함에 있어서 주의해야 할 열 가지 병통(十病痛)을 말하고 있다. "'있다. 없다.'로 이해하지 말며", "이치로 이해하지 말고", "분별의식으로 헤아리거나 알아맞히려 하지 말며", "눈썹을 움직이거나 눈을 깜빡거리는 것에 알음알음을 두지 말고", "말과 글들로 살림살이를 짓지 말며", "아무 일 없는 속에 빠져있지 말고", "화두를 들어 일으키는 곳을 향해 알려고 하지 말며", "문자를 끌어와 증거 삼지 말고", "유무를 초월한 참됨 무가 있다는 생각을 하지 말며", "마음을 가지고 깨달음을 기다리지 말라."고 강조한다. 이상 10가지 병통은 말 길과 생각의 길이 끊긴 곳에서 공부하지 않은 데에서 기인한다.

특히 '어서 빨리 이뤄야지' 하는 조급(躁急)함을 내서는 안 된다. 조급함은 상기한 병을 유발하기도 하고 성급한 마음만 키워 신경을 날카롭게 한다. 이런 조급함이 생길수록 화두 공부는 더디게 된다. 조급함을 내는 근본적인 원인은 바른 발심이 되지 않았기 때문이다. 깨닫고자 하는 그 마음이 망상이 돼 오히려 깨달음을 방해하고 마음만 조급해지게 한다.

병통 가운데 가장 큰 선병(禪病)이 상기(上氣)이다. 상기는 기운과 열기가 머리로 오르는 것을 말하는데, 발심이 안 된 상태에서 화두를 급히 든다든가, 과격하게 혹은 억지로 들 때 머리가 깨질 듯 아프게 된다.

그럼 상기를 다스리는 법은 무엇인가. 우선 몸이 화끈화끈해지면 바깥으로 나와 바람을 쐬고, 마음을 쉬고 가다듬어 조용히 화두를 든다. 그래도 상기가 돼 머리가 아프면 새벽시간에 호흡법을 통해 상기를 내리도록 한다. 또 허리를 곧게 펴면서 심호흡을 여러 번 한다.

화두의 결택(決擇)

화두의 생명은 무엇인가. 철저히 상대적 개념의 세계를 벗어난 자리에서 모든 것을 보고 행동하는 선의 특징에 있다. 화두는 시간과 공간을 초월한 말로, 마음에 의심의 열기를 가득 채워 마침내 그 의심의 둑이 터지는 경지로 이끄는 것이다.

그러나 이 화두도 발심이 온전히 안 된 상태에서는 소용이 없다. 자신이 깨닫고자 하는 간절한 목마름의 단계인 발심 없이는 화두를 들 수도, 타파할 수도 없기 때문이다. 그렇다면 발심은 어떻게 해야 할까? 발심은 생사고를 뛰어넘어 근원적 자유를 실현하겠다는 간절한 염원이 있어야 한다. 특히 화두 참구는 삶 속에서 자신의 본래 면목에 대한 진정한 의심이 일어나면 기필코 해결해 내리라는 마음을 내고 물러섬 없이 몰입해 들어가야 한다.

화두의 결택은 구체적으로 어떻게 해야 하는가. 우선 화두 자체에는 좋고 나쁜 것이 없다. 사람에 따라 더 잘 들리는 화두가 있고 그렇지 않는 화두가 있을 뿐이다. 수행자의 타고난 됨됨이나 살아온 과정 등에 따라 간절한 의심을 촉발시킬 수 있는 화두가 분명히 있다. 때문에 수행자의 기틀에 맞는 화두를 잘 선택해 줄 수 있는 눈 밝은 선지식을 만나야 한다.

수행자는 스승이 선택해준 화두를 붙들고 한결같이 참구해야 한다. 어떤 화두든 하나의 화두만 꿰뚫으면 공안의 깊고 낮음, 어렵고 쉬움, 같고 다름에 관계없이 모든 화두를 타파하게 된다.

특히 화두를 선택할 때는 대개 자신의 근기에 맞게 택하고, 단단한 걸고리에 물리듯 걸리는 것이 있으면 그것이 바로 자신의 화두가 된다. 일단 한 번 정한 화두는 함부로 바꾸지 말고 의심의 끝을 타파하려 노력해야 한다.

명상(冥想)

명상 고요할 명(冥) 자에 생각 상(想)을 합친 말이다. 본 글자의 개념을 보면 모든 종교나 일반인들 중, 생활 속 명상을 하지 않는 사람이 없다. 불교는 거기서 고요하게 생각하는 방법을 발전시켜 왔다.

명상은 몸에서 일어나는 생각을 관찰하는 자각집중을 바탕으로 하고 있다. 명상의 바탕이 되는 자각은 깨어있음을 말하는데, 순간적으로 일어나고 사라지고 하는 것을 관찰하며 과거에 일어난 잘못을 후회하거나 잘한 일을 생각해보기도 하며 미래에 대한 불안과 희망을 생각하기도 한다. 명상은 우리가 매일 수많은 감정에 휩싸인 상태에서 벗어날 수 있도록 마음을 안정시켜주는 것이다.

무형의 마음을 효율적으로 개선하는 방법이 명상일 것이다. 우리들은 살아가면서 수없이 많은 생각을 하고 판단을 하면서 생활한다. 이러한 생각과 판단은, 스스로 올바른 판단을 하는 것이라고 생각하고 결정하여 행동을 하는 것이다. 그러나 많은 사람들이 보다 좋은 생각과 결정이 있는 줄 모르고 살아가고 있다.

명상을 함으로써 이기심을 낮추게 되고 공감의 능력이 향상되어 자신을 성장시키는데 많은 도움이 될 것이다.

2000년대 들어서면서 서양의 지식인들이 서양의 가치관으로 세계를 움직이는데, 세계금융위기가 서구의 가치관으로 인한 맹점으로 적나라하게 드러나면서 공생(共生)이 새 가치로 떠올랐다. 그동안 배금주의와 이기심으로 가득 찬 비도덕적 기업들이 저지른 악행이 너무나 많은 사람들을 고통 속으로 몰아넣은데 대한 자성적 성찰의 결과이다. 이제 비즈니스 세계는 한 기업의 이익이 아니라 협력사와 경쟁사, 소비자에 이르기까지 모두에게 득이 되어야 한다는 반성과 함께 도덕적 기업, 남도 잘 되어야 한다는 기업으로 거듭나고 있다.

소비자와 고객 역시 이기적인 회사의 제품을 더 이상 구매하지 않는 등 기업의 감시자 역할을 자처하기 시작했다. 이를 간파한 서양 엘리트들은 타인을 배려하는 이타심(利他心)과 상대를 이해하는 공감 능력이 성공의 바탕이라는 사실에 주목했다. 비즈니스 세계의 새로운 가치관에는 배려와 공감능력이 절실히 필요했고, 이를 끌어내는 가장 효과적인 방법이 명상임을 알게 되었다.

여기에는 명상을 연구하는 심리학자와 뇌 과학자들의 연구 결과가 큰 뒷받침을 했다. 명상으로 심신이 안정되면 혈액 속의 콜레스테롤이 낮아지고 스트레스를 받으면 콜레스테롤이 높아지는 과학적 연구들이다. 새로운 과학기술이 명상의 진정한 의미를 밝혀낸 셈으로, 명상이 종교적 수행을 넘어 과학적 뇌 트레이닝 법으로 설득력을 얻게 된 것이다.

특히 미국이 명상을 받아들이는 속도가 매우 빠르다. 기독교 국민들이 불교 명상을 선호하는 것은 당연히 과학적이고 합리적인 것이다. 세계 어느 국가보다 과학이 발전한 나라는 미국이다. 미국에서 명상이 가장 활발하게 진행되고 있는데, 일부 명상센터에서는 기독교 예배적 명상을 허용하여 함께 운영되고 있다고 하니 참으로 선진국은 인식이 다르다는 느낌을 가진다.

미국의 지식층에서는 명상을 모르면 지식층에서 낙오되는 현상이 나타나고 있으며, 명상을 과학적으로 증명하기 위하여 지식단체가 티베트 달라이라마를 초청하여 여러 번 뇌파실험을 하여 명상과학을 과학적으로 증명하였다.

근래 미국에서는 명상을 장려하는 기업이 늘어나고 있다. 그중 핸드폰 업체인 애플이 수백억 원의 돈을 들여 명상 수련실을 만들고 명상지도자를 채용하여 운영하고 있다. 이것은 기업에 이익이 되기 때문일 것이다. 우리나라에서도 반가운 소식이 들린다. 삼성도 강원도에 명상 수련 건물을 지었다는 소식이다.

기도나 명상을 하면 뇌가 정화되면서 생각의 정확성이 높아지고 건강에도 도움이 된다. 수십 년 전만 하여도 스트레스라는 단어는 유행하지 않았고, 스트레스가 질병의 원인이 되는 줄도 모르고 살았다. 지금은 의사들이 스트레스를 받으면 혈액성분 중 콜레스테롤 수치가 높아진다는 사실을 제시하고 질병의 원인이 되는 증거라 말하고 있다.

명상은 불교의 전유물로 생각하기 쉬운데, 불교가 탄생하기 전부터 명상이 동양에서는 실행되고 있었다. 다만 불교가 명상을 받아들여 내용을 발전시킨 것은 사실일 것이다.

명상은 반드시 좌선(坐禪)으로 해야 한다. 눈을 지그시 감고 코에서 나오는 숨을 관찰하며 내쉬는 숨과 들이쉬는 숨을 관찰하기도 한다. 또한 현재 살고 있는 생각이 탐욕, 허욕, 과욕, 어리석음 등 이러한 생각들이 무엇을 의미하는지 살펴보고 생각해야 한다. 생각을 일체 비우는 공(空)의 명상과 자기의 생각을 의심, 즉 '나는 무엇인가?'를 계속 물어보는 의심의 명상 중 자기에게 잘 맞는 것을 택하여 할 수도 있고, 두 가지를 번갈아 할 수도 있다.

현재 국제적으로 명상이 크게 유행하고 있는데, 내용이 묵조선과 간화선이 비슷하여 단점이 많다. 서양 명상의 단점은 자기자신의 건강을 위하여 명상을 한다는 것이다. 반면에 불교의 명상은 자비, 나눔, 즉 진리를 깨달아 남을 행복하게 하는데 목적을 두고 명상을 한다. 수행은 반드시 진리의 내용을 알고 이해하여야 효능이 증가된다. 서양 명상은 단전호흡과 침샘 자극이 안 되어 건강에도 단점이 된다. 또한 음성을 내지 않고 명상을 함으로써 잡념이 일어나기 쉬우며 졸음을 방지하는 효과도 떨어진다.

요가의 개요

요가는 명상과 호흡, 스트레칭 등이 결합된 복합적 심신 수련 방법을 말한다. '요가'라는 말은 결합어로 시작되었으며, 요가의 모든 과정에서 자주 나타나는 '마음의 성질'이라고 할 수 있다. 요가는 맺음을 말하며 음역하면 '유가'가 되고, 의역하면 '상응한다'는 뜻이 된다. 파탄잘리(Patanjali)가 지은 『요가 수트라』의 제1장 2절에서는 '요가란 마음의 작용을 없애는 것이다.'라고 적혀 있다. 즉 마음을 조절해서 마음의 움직임을 억제하여 인간 본래의 고요한 마음으로 돌아가는 상태를 요가라고 한다.

요가는 종교가 아니고 마음, 몸, 정신의 융화와 경험의 방법론이다. 요가는 정신적인 도구상자이고 육체적인 건강과 안녕이다.

1. 요가의 종류

1) 만트라 요가 : 소리를 빛으로 승화시키려는 요가다.

음. 오-음. 아우음. 이-이. 온 살이. 에-에. 훔. 하하하(폭소)

소리의 힘을 이용하여 심신을 정화시키는 요가이며 세계 각국은 물론 수많은 종교에서도 소리의 힘을 이용한 만트라 요가를 제식주의적 전통으로 활용 중이다. 예를 들면 교회나 성당에서의 찬송가나 불교에서 염불이나 종소리, 북소리, 요령소리, 풍경소리, 목탁소리, 그리고 유교에서 제사 때 축문 읽는 소리, 샤머니즘에서의 주술 또는 상여 나갈 때의 소리, 살풀이나 한풀이 시의 노래나 소리 등등으로 다양하게 활용되고 있다. 현대에 와서는 미국과 같은 선진국에서 음악 치료를 비롯한 의학 분야에서 과학적으로 체계화시켜 다양하게 활용하고 있다.

2) 카르마 요가(Karma Yogga) : 사회에 참여하여 봉사하려는 자기희생의 요가이다.

고전 요가의 제식주의적인 신을 향한 헌신과 희생제에서 벗어나 바른 앎(깨달음: 이해)을 통한 요가로 발전해왔고, 후에 바른 앎보다는 바른 행(이기적만이 아닌 이타행과 이전적행)을 강조한 요가이며 바가바드기타 경전은 카르마 요가를 강조한 경전이다.

3) 박티 요가(Bhakti Yogga) : 신에 대한 헌신과 사랑의 요가이다.

우주, 자연, 신, 절대자의 원리나 섭리, 법칙과 질서에 복종하고 헌신하는 길을 통해 구원받으며 깨달음을 얻고자 하는 요가이다. 현재는 자력만이 아닌 남의 도움을 받는 종교관을 가진 종교로 발전해 오고 있다.

4) 즈나나 요가(Jnana Yogga) : 분별심을 일으켜 자신의 애고를 타파하려는 지식의 요가이다.

배움, 지식, 지혜의 요가로 무지로부터 벗어나는 것이 진아(眞我)에 이르는 길이며, 인간의 고통은 무지와 무명으로부터 생겨나는 것이기 때문에 정지(바른 앎 : 바른 이해)를 통해서 괴로움에서 벗어나서 깨달음에 도달하는 요가이다. 동시에 과학적, 사상적, 철학적 요가이기도 하다.

5) 하타 요가(Hatha Yogga) : 체위법과 호흡법에 관한 요가로 육체 요가이다.

　몸가짐을 다스리고 숨쉬기를 훈련하며 식이요법과 단식법, 정화법으로 인간의 본성적 생명력을 회복하는 요가이다. 고전 요가는 깨달음을 향한 요가였다면 중세요가는 카르마가 남지 않는 바른 선행의 요가였고, 그 바른 앎과 바른 선행을 하기 위한 자기 자신의 존재를 위한 생명성 회복을 위해 근대에 와서 발전해 왔다. 이후 라자 요가를 위한 필수적인 준비조건의 요가가 되었으며, 현대에 와서는 건강법과 미용법으로 활용되면서 20세기에는 하타 요가를 통해 전 세계에 요가가 활발하게 보급되고 있는 실정이다. 수많은 스포츠와 무술, 체조, 무용 등은 나라마다 다양하게 응용되고 변화된 하타 요가의 모습들이다.

6) 라자 요가(Raja Yogga) : 응념, 정려, 삼매에 관한 요가로 정신요가이다.

　명상요가로서 마음의 평온을 찾고 지혜를 얻으며 혜탈의 경지를 추구하는 요가다. '라자'라는 말은 '왕'이라는 뜻을 갖고 있으며, 모든 요가의 궁극적인 종점은 라자 요가로 귀결된다. 선, 참선, 정려, 사유수, ZEN 등 명상요가이다.

2. 요가의 체조법

1) 물구나무서기 자세

　①동작의 요령 : 양손을 각지 낀 손과 양 팔꿈치로 삼각형을 만들고, 그 손의 가운데에 머리를 붙이고 정신을 통일하여 발을 들어올린다.

　②생리적인 효과 : 머리 어느 쪽 부분을 바닥에 붙이느냐에 따라 생리 면에 주어지는 영향이 달라진다.

　　ⓐ 전두부(前頭部) : 위. 간장. 심장.

　　ⓑ 두 정부 : 항문. 성기능.

　　ⓒ 두 측보 : 장.

　　ⓓ 후 두부 : 신장.

　　- 이 자세는 평소의 바로 선 자세로 거꾸로 한 자세이므로 직립생활에서 오는 이상(내장하수에 의한 경내 압박과 뇌빈혈 혈행불순 등)을 해소시키고 뇌의 피로 회복이나 뇌빈혈증, 두통, 불면, 소화불량이나 위하수증 등에도 상당한 속효성이 있다.

　③미용적인 효과 : 안면의 혈행이 좋아지며 호르몬의 밸런스가 잡혀 얼굴이 아름답게 된다.

2) 역멀구나무서기 자세

　①동작 요령 : 양손을 허리에 두고 무릎을 펴서 가슴, 허리, 다리가 일직선이 되게 하며 바닥과는 수직이 되게 한다.

　②생리적 효과 : 갑상선을 강하게 자극하여 젊음을 되찾게 하며 목의 이상, 바세도우씨 병에 효과가 있다. 또 척수의

조혈기능을 높이며 대장의 하수, 위, 신장, 자궁의 위치 이상에 효과를 나타낸다. 다리와 복부의 혈행, 더욱이 간장의 혈행불량에 좋다.

3) 물고기 자세

① 동작요령 : 양 팔꿈치, 머리, 허리로 신체를 지지하고 가슴을 뒤로 높게 들어 올린다.

② 생리적 효과 : 사람들은 앞으로 굽은 전굴(前屈) 자세가 되기 쉽다. 그렇게 되면 가슴의 근육이 수축하여 늑골하수나 늑골운동이 불완전하게 되며, 허리의 힘이 빠지고 복부압박을 가져오게 된다. 이 자세를 취하면 그러한 이상이 없어진다. 가슴과 턱을 높임으로써 허리에 힘이 충만해지고, 선골을 자극함으로써 장 생식기의 기능을 높이며 폐의 강화와 심장의 혈액순환을 촉진시킨다.

이 밖에도 호미자세, 활 자세, 코부라 자세, 아치 자세, 메뚜기 자세, 공작자세, 고양이 자세, 전굴 자세 등 여러 자세가 있는데 내용은 비슷하여 설명을 생략한다.

3. 단점

요가의 단점은 행동하면서 마음수행을 할 수 없고, 행동을 전문가에게 배워야 하며, 수행 장소에 찾아가야 한다는 것이다. 또한 노약자는 할 수도 없고, 장소도 염송수행보다 넓어야 하기에 들이는 시간에 비해 효능이 낮다는 점이 있다.

5

염불선念佛禪 역사

염불수행이라고 하는 것은 석가모니불, 관세음보살, 아미타불 등 명호(名號)를 부르는 수행을 말한다. 염불은 부처님을 생각하고 소리로 부른다는 뜻인데, 정확한 표현은 염불송선(念佛誦禪)이라고 하는 것이 표현의 정확도가 높다. 먼저 수행이라는 개념부터 알아보자.

수행

육체를 훈련해서 정신의 안정 및 초월적 교류나 자각적 행위, 무술이나 운동, 기예나 도덕, 그리고 종교적 수행을 말한다. 여기에서는 종교의 수행에 대해서 언급하고자 한다. 종교 수행하면 대부분의 종교에서 기도(祈禱) 수행하는데 여기서 기도를 빼는 것은 '빈다'는 개념이 없으므로 기도를 표현할 필요가 없는 것이다.

학술이나 기예를 수련하는 경우에는 '수업'이라는 말을 인용하기도 하는데, 미개종교에서는 성인식이나 비밀결사에 입단할 때 시련이 부과되기도 하였다.

고대 종교에서는 그리스의 오리페우스교나 그 영향을 받은 피티고라스 교단이 영육이원론(靈肉二越論)의 입장에 서서 신체상의 엄격한 금욕을 지킴으로써 영혼이나 신과의 합일을 얻으려는 밀(密)의 종교를 발달시켰다.

이런 사고방식은 후의 그리스도교나 이슬람교에도 적건 크건 영향을 미쳤는데, 그리스도교에서는 신비주의적인 묵상과 기도를 중심으로 하는 중세기의성원에서 특히 금욕적인 수행이 중시되었다.

동양에서는 영육일월론(靈肉一越論)의 입장에 선 힌두교의 요가나 불교의 경우에서 볼 수 있듯이 심리적 훈련과 금욕이 그대로 영적으로 통합된 이상적인 신체(깨달음. 해탈상태)를 낳는다고 생각하였다.

수행을 하기 위해서는 첫째 신심(信心)을 크게 내어야 한다.

나쁜 유전자를 바꾸어 좋은 유전자로 살겠다는 명세를 굳게 하여야 기도의 발원에 효력이 높아지기 때문이다. 다음으로 탐욕과 교만을 소멸시키고 사랑, 자비, 적선을 실천하겠다는 자기와의 약속이 필요하다.

불교 역사 속 염불선의 기원을 살펴보면, 중국 당나라 서기 (645년) 선도 대사에 의해 창립되었다. 대사께서 33세에서 56세에 이르기까지 오진사의 주지로 계셨던 기간이다. 정토종의 창립과 함께 대사는 종남산의 오진사로부터 수도에 있는 각 대사찰을 자주 오가면서 열렬한 교화를 펴셨는데 큰 성공을 거두게 되었다. 전기 기록에 의하면 귀의한 신도들의 숫자를 헤아릴 수 없고, 집집마다 관세음보살을 모셨으며, 백성들이 가게 문을 닫고 온도시가 육식을 금했다고 전하고 있다.

불교 중기에 일어난 교선일치(教禪一致) 운동은 송나라 때에 더욱 두드러지게 되었다. 연수 스님의 교선일치설이 확립되자 천태종, 화엄종, 정토종의 학도로서 선(禪)을 연구하거나 선가에서 교학을 공부하는 이도 출현하였다. 그리고 정토종은 특별한 하나의 종파라기보다는 이들 각 종파의 사람들이 염불 신앙을 가지게 됨으로써 성행하게 되었다.

송나라 때의 정토교로서 유명한 이들 중에는 선종이나 천태종 출신자들이 많았고, 특히 천태종 계통의 정토교가 성행하였다. 선종에서는 염선일치(念禪一致)를 주창하려고 "종경록"(宗鏡錄) "만선동귀집"(萬善同歸集)을 지은 연수 스님을 비롯하여 종이, 종본, 법수, 의회 스님 등은 모두 염불선을 강조하였다. 선정습합(禪淨習合), 고요하고 맑게 익혀서 하나가 된다는 뜻이다.

이와 같은 풍조는 선종을 더욱 성행하게 하였다. 또한 이러한 인물들이 일반 사회의 종교로서 민중 속에 깊이 뿌리를 박고 애호되고 보급되었던 정토교를 배워 매일의 일과로서 아미타불의 이름을 외게 됨에 따라 염불선이라고 불리게 된 것이다.

이후 명나라 시대에 와서도 역시 선정융합(禪淨融合)의 형태인 염불선이 성행하였으며, 청조(淸朝)의 옹정제는 스스로 원명거사(圓明居士)라 칭하고 염불선을 고취하였다. 민가에서는 명나라 이후 이와 같은 염불선을 중심으로 불교가 신봉(信奉)되고 실천되었다.

우리나라의 염불선

645년 중국에서 천태종 개통의 정토교를 통해 염불선이 발전하면서 우리나라에도 천태사상이 점차적으로 전파되는 것을 볼 수 있다. 고려 초기의 천태 사상가로는 제관(諦觀) 스님을 일인자로 꼽고 있다. 제관 이전에는 935년에 고려로 와서 천태교법을 전한 자린(子麟)의 기사 외에는 찾아볼 수 없다.

의통 스님과 지종 스님이 송나라의 천태종 12대조인 의적 스님 문하에 입문한 것과 비슷한 시기에 제관은 송나라로 갔다. 중국은 오랜 전란 때문에 불교전적이 소실되자 961년(광종 12) 오월(吳越 - 오나라와 월나라)의 왕 전숙(錢俶)은 고려로 보물을 보내면서 불교, 특히 천태관계 서적을 기증하기를 요청해왔으므로 광종은 제관을 중국에 보내게 되었다.

고려 조정은 천태경전(天台經傳) 중에서 지론소(智論疏), 인왕소(仁王疏), 화엄골목(華嚴骨目), 오백문론(五百門論) 등 지의와 담론의 저술로 알려진 책 등을 가져가지 못하게 하였다. 제관은 송나라에 가서 의적의 문하생으로 10년 동안 머무르면서 천태의 교관을 익히다가 천태사교의(天台四教儀) 2권을 남겼다.

이 천태사교의는 담연의 천태교학을 계승하고 있으며 교리는 오시팔교(五時八教 - 부처님이 행한 5번의 설법과 8가지 교리)의 교상판석(教相判釋 - 부처의 설법 시기와 내용을 구분하는 방법)으로 설명하였고, 실천문은 25가지 방편과 열 가지 관법으로 분류하여 요령 있게 체계화하고 있다. 또한 천태사교의는 그가 가지고 간 많은 천태경전과 함께 송나라의 천태교학을 부흥시키는 데 크게 기여하였다. 중국과 일본에서는 이 책에 대한 해석을 붙인 것만 73종에 이르렀으며, 그 주석서에 대한 말소(末疏)도 130가지가 넘는다. 그러나 우리나라는 대각국사의 주석서 3

권이 있다는 글귀만 있을 뿐, 그마저도 전해지지 않고 있다.

그 뒤 이 책은 고려와 조선시대의 천태학 입문서로 또는 불교학 입문서로서 사용되고 있다.

일본에서도 1603년(선조 36년) 이래 수백 년 동안 무비판적으로 불교 천태학 교과서로 학습되어 왔다. 그러나 최근 담연의 교학체계를 계승하고 있는 천태사교의보다는 천태지의의 삼대부만을 중심으로 한 교학의 재편성을 주장하는 일부학자가 나타났다. 허나 이 견해는 천태교학의 변천배경을 무시한 의견일 뿐이다.

우리나라 염불선은 고려 제11대 문종9년(1055년) 때 부흥하였다. 문종은 인예왕후 이 씨를 어머니로 둔 제 4왕자였는데, 47세에 입적하여 시호로 대각국사(大覺國師)를 받았다. 속계의 이름은 왕후(王煦)이며, 가문명(家門名)은 의천(義天)으로 중국에서 염송선을 수행하여 고려에 전파하였다.

대각국사는 모든 종파의 전적을 섭렵한 뒤 법화경 등의 회삼귀일(會三歸一) 사상과 일심삼관(一心三觀)의 교관병수(敎觀並修 : 교학과 수행을 병행함)를 고양하면서 화엄사상 등 모든 불교 사상을 천태사상에 포섭하고 역대 선구자들의 총화와 이념을 전수받아 융합의 종파인 천태종을 세웠다. 뿐만 아니라 의천이 저술한 신편제종교장총록 속에는 법화경에 관한 소(疏) 60부

229권, 지관(止觀 - 멈추어서 보는 것) 등에 관한 천태관계 장소(章疏 - 나누는 글) 39부 146권이 수록되어 있다.

고려시대의 왕사(王師)는 임금의 스승이 되었던 스님으로 총 27명 기록되고 있다. 마지막 국사는 조선을 개국한 태조 이성계 때의 무학 대사로 기록되고 있다. 왕사제도는 고려의 태조가 처음으로 채택하였으며 조선 초기까지 계속되었다. 왕사를 두게 된 까닭은, 왕에 대한 불교의 가르침이라는 측면 외에도 백성의 대부분이 불교를 신앙하였기 때문이다. 그들을 정치에 직접 참여시키지 못하는 대신 백성을 전신적으로 지도할 수 있는 고승을 왕의 스승으로 책봉하였으며 사후에는 국사로 추존하였다.

고려를 세운 태조 왕건의 제위가 918~943년이며, 국사인 원공국사(圓空國師)의 생몰년은 930~1018년으로 초대 국사로 볼 수 있다.

우리나라 순천 송광사(松廣寺)에서 배출된 16인의 스님은 국사(國師)의 칭호를 받았다. 보조, 진각, 청진, 진명, 원오, 원감, 자정, 자각, 담당, 혜감, 자원, 혜각, 각진, 정혜, 홍진, 고봉 등 총 16명으로 이분들의 영정은 영정을 모시는 국사전(國師殿 - 영정을 모시는 건물)에 봉안되어 있다. 국사의 배출로 인하여 송광사는 우리나라 삼보(三寶: 3가지 보배) 사찰 중에서도 가장 각광받는 승보(僧寶 - 보배로운 스님) 사찰로 불린다.

천태종의 실천방법을 기록한 지관 관계 저서를 이 목록 속에 도입한 것은 천태의 교관일치사상을 고취하려는 의도에서였다. 의천이 천태종을 개립하자 덕린, 익종, 연사 등이 각각 제자들을 이끌고 와서 의천의 제자가 되었으며, 그 뒤 순선, 교웅, 유청 등의 법손(法孫)들이 운집하여 천태교학을 크게 발전시켰다. 이후 고려 말까지 여러 종단 중에서도 천태종이 가장 발전하고 큰 종단을 유지하였다.

조선 초기 불교를 보면, 태조 이성계가 조선을 건국하면서 고려의 문벌귀족 세력을 제거하기 위해 불교를 견제하기 시작했다. 개국공신인 정도전 역시 불씨잡변(佛氏雜辨)을 저술하여 억불론을 주장했다. 그래도 조선 건국 초기에는 무학대사가 조선의 수도를 정하는데 큰 공헌을 하는 등 고려시대와 마찬가지로 불교정책이 유지되고 있었다. 허나 태종 이방원이 정권을 잡으면서 대대적인 억불정책을 추진하였다.

태종은 서울 외곽 70여 개의 사찰을 제외한 전국 사찰의 재산과 노비를 몰수하였다. 조선 초기에 존재하던 11개의 종단을 7개로 축소하였고, 세종은 7종을 2종으로 줄였으며 불교 승려의 도성 출입을 금지시켰다. 사대부 가문의 양반들이 승려가 되기 위해 출가하는 것을 방지하기 위해 엄격한 도첩제(度牒制 - 출가하여 승려가 되려고 할 때 국가가 허가하는 제도)를 실시하였고 부녀자의 출가는 원칙으로 허가되지 않았다. 양반가에서 승려가 되려고 하는 자는 100필의 포를 세금으로 내야 했고, 일반 백성은 150~200필을 바치도록 했다.

하지만 1492년에는 이러한 도첩제마저 폐지하여 승려가 되는 길을 원천적으로 차단하였다. 또한 도첩이 없는 승려는 모두 군역이나 부역에 종사하게 했다. 연산군이 즉위하여 흥천사와 흥덕사, 대원각사를 모두 폐사(廢寺)시켰으며, 승려들을 모두 노비로 만들었다.

연산군을 폐위시키고 중종반정으로 왕위에 오른 중종은 연산군보다 더욱 심한 억불정책을 추진하였다. 경국대전(經國大典)에 나와 있는 승려의 출가를 규정한 도승조(度僧條 - 승려 시험제도)마저 삭제해버렸는데, 이는 조선에서 불교를 없애버리는 폐불을 의미하는 것이었다. 이후 조선은 불교의 승려에게 환속(還俗)을 강요하였고, 결과적으로 불교는 깊은 산속에 숨어 작은 암자를 짓고 겨우 명맥만 유지하게 되었다.

불교 선종(禪宗)과 교종(教宗)

고려말기 불교가 타락하면서 조선 초기인 1424년, 세종시대에 왕실에서 수많은 종파가 난립하여 불교 개혁을 하면서 참선(參禪 - 앉아서 생각에 잠기는 수행) 선종과 교종(教宗 - 경전을 보고 듣고 하는 것) 둘로 나누어 통합하였다.

조계종, 천태종, 총남종 등 3종파는 선종으로 통합되고 나머지 종파를 교종이라고 하였다. 선종은 묵조선이나 간화선 참구를 위주로 하는데 교종은 경전 등을 근거로 하여 경전을 살펴보는 위주로 공부한다. 한국 불교 수행자들은 일반적으로 사교입선(捨敎入禪 - 베풂을 가리키는 선)이라 하여 처음에는 경전 공부에서부터 출발하여 궁극적으로는 선(禪)의 경지로 들어가는 방법을 많이 택하고 있다.

우리나라에서 승려들의 승과제(僧科制 - 승려들의 과거시험제도)가 처음 생긴 것은 고려 광종9년 때(958년) 관리 등용책의 하나로 진사과(進士科 - 학문을 아는 정도), 명경과(明經科 - 경전을 아는 정도)를 주축으로 하는 과거제를 창설했을 때 승과제도도 함께 마련했다.

고려시대의 승과에는 불교자체에 교종과 선종의 두 갈래가 있었던 만큼 교종의 승려를 선발하는 교종선과 선종의 승려를 선발하는 선종선의 두 종류가 있었다.

한국에서의 교종이란 경(經)과 논(論 - 해석) 등을 중요시하는 종파로서 덕행이 높은 승려를 교종판사(敎宗判事)로 삼아 종단의 모든 일을 주관하게 했다. 1494년 연산군 때 승과제도가 중지되고 1506년 중종 즉위와 함께 승과제도가 폐지되었다.

이후 1550년(명종 5년) 문정대비(文定大妃)에 의해 잠시 부활되었다가 대비가 죽자 완전히 폐지되었다. 소태산 대종사는 옛날 사원에서 염불종(念佛宗)은 언제나 염불만 하고, 교종은 언제나 간경만 하며, 선종은 언제나 좌선만 하고, 율종은 언제나 계(戒)만 지키면서 같은 불법 가운데 서로서로 시비장단을 말하고 있으나 이것은 잘못되었다.

남기는 말

조선 중기에 억불정책이 자행될 무렵, 불교 공부에 염송이 좋지 못하다는 주장을 펴며 그것을 약점으로 삼아 근기(根氣)가 낮은 사람이 염송선을 한다고 전국에 소문을 퍼뜨린 일이 있었다고 한다. 그 결과 어느 절에는 염송선을 하면 근기가 낮은 사람으로 취급되므로 아무도 염송선을 하지 않게 되어 지금까지 염송선이 위축되어 있다.

옛날에도 상(上) 근기를 타고난 사람은 몇 사람뿐이고, 지금도 있을까 말까 한 상황이다. 이처럼 상(上) 근기에 현혹되는 것은 잘못된 행위이다.

이 씨 조선의 포악한 탄압 속에서 명맥을 유지하던 불교는, 임진왜란이 일어났을 때 승려들이 살생을 금하는 계율을 버리면서까지 나라를 지키기 위하여 분연히 일어나 적을 물리치는데 큰 공을 세웠다. 서산 대사와 사명당은 승려들을 이끌고

전투에 참여하여 적을 물리쳤고 영규 대사와 많은 승려들도 목숨을 바쳐 싸웠다.

일본은 한국에서 천태종의 불서를 받아 전 국민에게 가르쳐 타 종교가 범접하기 힘든 불교 국가로 발전하였으며, 오늘날 에는 선진국이 되어 있다. 수많은 지진과 재난 속에서 나타나 는 일본 국민들의 단합된 행동에 불교의 자비심이 작용한 것 은 의심할 여지가 없다. 재난이 일어나 수도가 단절되어 가정 에 물이 나오지 않는 상황에서 어느 한 곳에 물이 나오면 한 줄로 동그라미를 그리는 모습을 보이는 일본과 비교해, 약간 의 데모만 일어나도 무법천지로 변하는 미국의 모습을 볼 때 불교의 자비가 인간에게 중요함을 느낀다.

6

종교의
껍질

종교는 계율을 지키고 수행을 하여 지혜를 얻는 것이 핵심적인 사상이다. 불교 수행에 묵조선과 간화선 살펴보면, 묵조선은 자기의 청정자성을 찾는 수행으로 정좌하여 벽만 바라보고 수행한다. 반면 간화선은 정좌하여 나는 무엇인가를 연속으로 생각하는 수행이다. 묵조선은 분석 그대로 실행하는 것에 단점을 보이고, 간화선 역시 단점이 드러나 있다. 때문에 묵조선은 간화선을 비판하고 간화선은 묵조선을 비판하면서 현재까지 이어져 내려오고 있다. 지금도 두 가지 선이 공존하며 신도들에게 퍼지고 있다.

　　불교 2천 5백 년 전체 수행을 분석하여 보면, 석가모니의 수행은 개념적으로 묵조선도 아니고 간화선도 아닌 중간선일 것이다. 부처님은 경전에 궁전에서 출가할 때 생사 없는 진리를 깨닫고자 출가하였다고 기록하고 있다. 그 후 6년간 고행을 하면서 생사에 대한 생각을 하였다고 할 수 있는 것이다. 수행을 하면서 자기의 목표가 생각나지 않을 수 없다. 이것은 아무 생각 없는 묵조선은 아니다. 또한 간화선도 아닌 것이, 간화선은 화두를 계속 챙겨서 수행하는 것이므로 간화선이라고 할 수 없는 것이다.

현재 우리나라 불교는 정상적인 승가(僧家 - 절집) 활동을 하지 못하여 나약해지고 있다. 이러한 현상에는 스님들의 책임이 크다. 스님들이 잘못하고 있는 가장 큰 잘못은, 종교적 권력에 탐욕을 부리고 있다는 것이다. 일반인에게 탐욕을 버리라고 가르치면서 스님들이 계율을 지키지 않고 사음(邪淫 - 불륜) 소문에 총무원장이 사임하는 사태가 벌어지는가 하면, 총무원장 선거에서는 분파를 일으키는 등 이러한 행태가 자행되면서 불교신자들이 등을 돌려 신도수가 급감하고 있다.

부처님은 29세에 출가하여 6년간 고행을 하고 45년 동안 오직 전법(傳法 - 불법을 전하는 일)을 하시면서 입멸(入滅 - 죽음)하셨다. 스님들이 전법을 목적으로 하지 않고 직책이나 금전 다툼을 하는 것이 참으로 개탄스럽다.

견성성불(見性成佛). 자기자신의 성품을 바로 보고 부처를 이룬다. 자기의 마음이 보이지 않는 것이 정상이다. 자기 마음도 보이지 않기에 남의 마음도 볼 수 없다. 여기서 견성은 '자기의 미래를 보는 것이다.'라고 할 수 있다. 수행을 통해서 가능하다는 뜻이지만 견성이나 깨달음이나 같은 개념일 뿐이다. 또한 돈오돈수(頓悟頓修)는 단번에 깨달음을 얻는 방법이고 돈오점수(頓悟漸修)는 차츰차츰 깨달음을 얻는 방법이라고 한다. 이것도 근기에 따라 상(上) 근기는 돈수가 맞는 수행법일 확률이 높고, 중·하(中·下) 근기는 점수가 자신에게 맞는 수행법일 사람이 많을 것이다. 때문에 근기(根氣)는 타고나는 것이라고 할 수 있다.

금강경

금강경은 줄임말이고 본 이름은 금강반야바라밀경(金剛般若波羅蜜經)이며, 우리나라에는 삼국시대 불교유입초기에 전래되었다. 고려 중기에 지눌(知訥) 스님이 불교를 배우고자 하는 자들의 입법(立法)을 위해서 반드시 이 경을 읽게 한 뒤부터 널리 유통되었다.

금강경은 300송품이 되기 때문에 삼백송반야경이라고도 하는데, 전부 6회에 걸쳐 번역되었다. 금강경은 공 사상(空 思想)에 입각하여 집착없이 선행을 실천하는 일을 중심으로 하고 있다. 이와 관련하여 선불교(禪佛敎)의 중흥조로 숭앙받고 있는 6조 혜능(慧能) 대사는 무상(無相)을 머리로 삼고, 무주(無住)를 몸으로 삼으며, 묘유(妙有)는 팔다리로 비유하여 간단히 정리하고 있다.

이 경은 공한 지혜로서 그 근본을 삼고, 일체법무아(一切法無我 -모든 진리법은 내가 없다.)를 요지로 삼았다. 금강경은 반야심경과 함께 널리 독송되고 있으며 교종(敎宗 - 불교학문을 중점으로 하는 종단), 선종(禪宗 - 참선을 주로 가르치는 종단)을 막론하고 매우 중요하게 여겨져 왔다. 물론 지금까지도 주요 경전으로 활용되고 있다.

우리나라 종단 중 가장 신도가 많은 조계종이 금강경(金剛經)에 중점을 두고 가르치는 종단이다. 불교에 사상 중에서 금강경을 중시하고 있다.

범소유상 개시허망 (凡所有相皆是虛妄)	무릇 형상이 있는 것은 모두가 허망하다.
약견 제상비상 즉견여래 (若見諸相非相 卽見如來)	만약 모든 형상을 형상이 아닌 것으로 보면 즉시 진실을 보리라.
불응주색생심 불응주성향 (不應住色生心 不應住聲香)	만약 형상으로 진리를 보거나 음성으로 진리를 보려면 능히 진실을 보지 못하리라.
응무소주 이생기심 (應無所住以生其心)	본래 마음이란 것은 머무는 자리가 없다.

현재 우리나라 대부분의 사찰에서 아침·저녁 예불을 드린다.

예불 독송은 대부분 불교의 핵심을 예불 송으로 하고 있다. 예불 송 중 '색즉시공 공즉시색 역부여시 사라자야 부정불감'이란 구절이 있는데, 이러한 구절은 이해하기가 무척 어렵다.

법화경(法華經) 사구게(四句偈)

제법종본래 상자적멸상 (諸法從本來 常自寂滅相)	이 세상 모든 것은 본래부터 스스로 고요하고 청정함으로
불자행도이 내세득작불 (佛子行道已來世得作佛)	우리가 이와 같이 닦고 닦으면 다음 생에는 부처를 이룰 것이다.

지금은 첨단과학시대이며, 이처럼 사후세계(死後世界)를 믿을 사람은 극소수일 것이다.

법화경은 반야경 화엄경과 함께 불교 초기 경전으로 알려지고 있다. 법화경은 줄임말로 본 이름은 묘법연화경(妙法蓮花經)이며 총 7권 28품으로 되어 있다. 여러 종류의 불교 경전 중에서도 양대 산맥으로 불리는 금강경과 법화경은 초기부터 지금까지 불교에서 중점으로 공부하는 경서이다.

내용을 살펴보면 방편 품과 구원 성불로 되어 있다. 방편의 내용은 일반인들이 탐욕과 쾌락에 빠져 생활하는데, 이것은 잘못된 삶이고 불심으로 사는 것이 진실한 삶이라는 것이다. 불타는 집에서 아이들이 불타고 있는 줄 모르고 놀이에 열중

하고 있는데, 밖에서 부모가 불러도 나오지 않아 황금으로 된 장난감을 준다고 속여 아이들을 밖으로 끌어냈다는 구절이 있다. 여기서 아이들은 일반인, 부모는 부처님을 가리킨다.

또 한 구절에서는 신도들이 5백 명 모였는데 부처님이 "낮은 단계의 설법만 하고 높은 단계 설법을 못 한다."고 하시니 수제자가 "왜 못 하십니까."라고 물었다. 그러자 "너희들이 이해하지 못 하기 때문이다." 말씀하시고 설법을 중단하려고 하시자 수제자가 "지금까지 부처님 말씀을 배우고 익혀 잘 알고 있습니다. 높은 단계 설법을 들려주십시오."라고 청한다.

제자가 3번 청하자 부처님은 3번을 사양했고, 결국 4번째 부탁에 부처님이 설하는데 자기보다 남을 먼저 생각하고 도우라는 말씀을 하셨다. 이때 제자 절반이 부처님의 말씀을 믿지 않고 의심하여 자리에서 떠났다. 이처럼 부처님이 설하기를 거부한 이유는 떠나는 제자들이 진리를 몰라서 악업을 짓기 때문이었다. 그런데 결국 말씀을 하시게 되어 절반이 악업에 빠졌다.

또 다른 구절을 보면 어릴 적에 집을 나가 길을 잃은 사람이 거지로 50년 되어 우연히 자기 집에 얻어먹기 위해 들어서니 아주 부잣집이었다. 아버지는 잃어버린 자식을 알아보고 불러 들이려 했으나, 거지는 자기를 구속하는 줄 알고 도망을 가게 된다. 그 모습에 아버지는 하인을 시켜 가까이하게 하고, 심부

름하면 먹을 것을 많이 준다고 설득하여 집으로 데려온다. 그 뒤 아버지는 차츰차츰 아들을 가르친 뒤 자기의 아들에게 전 재산을 물려준다. 여기서 도망자인 아들은 일반 백성, 부잣집 주인은 부처님이다.

법화경 내용이 이와 비슷하고, '법화경을 사경 독송하면 성 불한다.'는 뜻이다.

경전의 내용이 틀리다는 뜻은 아니다. 그저 시대가 이러한 내용에 시간을 많이 소비하는 시대는 지났다는 것이다. 지금 은 정보화, 간편화 시대이다. 모든 것이 핸드폰 속에 다 들어 있어 마음만 먹으면 쉽게 볼 수 있는 현실 속에서, 우리는 수 많은 성경과 경전의 가치가 떨어지는 시대에 살고 있다.

불교에서는 위에 설명한 것 외에도 수많은 수행법이 있다. 예를 들면 천수경, 금강경, 고왕경, 몽수경, 반야심경 등 짧은 경들을 독송하는 것이다. 물론 짧은 경도 2~3백 자가 넘는다. 이 밖에 경전을 사경, 독경하는 수행도 많이 한다.

다만 이러한 수행들의 단점을 살펴보고 이해하는 것이 중요 하다. 수많은 수행방법을 모두 경험하거나 수행할 수는 없고, 만약 자기에게 맞지 않은 수행을 할 경우 역효과를 부를 수도 있기 때문이다.

첫째, 묵조선과 간화선이 발전한 시기는 1천 3백 년 전이며, 그때는 동남아 모두 농경 시대였다. 1~2백 년 전까지만 해도 우리나라 역시 농업 인구가 대부분이었다. 농경 사회는 자연과 더불어 살면서 정서적으로 탐욕이 발달하지 않아 순박한 생활을 하였다. 이러한 시대에는 묵조선이나 간화선이 적합할 수 있다.

하지만 현재는 도시화와 상업화가 이루어지면서 육식을 많이 하게 되었다. 육식(肉食)을 하는 사람이 채식(菜食)을 하는 사람보다 성격이 포악할 확률이 높다는 생물학적 연구도 발표되었다. 결국 육식과 채식을 혼합하여 과식을 많이 하고 있는데, 이 역시 운동부족과 비만으로 이기적인 성품으로 변화된다는 실험결과도 있었다.

이러한 식생활 문화의 변화와 과학문명의 발달로 여러 종류의 물질을 소유하고 소비하는 시대를 살면서 탐욕도 증가했다. 이런 상황에서 탐욕을 추구하는 두뇌로 발달하게 되는 것은 당연하다. 이러한 환경 속에서 생활한 부모로부터 태어난 자식도 탐욕스러운 마음이 많게 태어났을 것이며, 태어난 자녀는 부모세대보다 더욱 발전된 시대에 성장하였으므로 한층 더 탐욕의 강도가 높아져 있을 것이다.

이러한 현실에서 노(老) 스님을 제외한 다른 스님들이 묵조선이나 간화선 수행을 하여 깨달음을 추구한다면, 기왓장을 갈아서 거울을 만들려고 하는 것과 다름없을 것이다. 이룰 수 없는 깨달음에 집착하여 부처님의 진리 전법은 하지 않고 허송세월만 보내게 되어 있다. 심지어 스님이 물에 빠져 죽었는데 목이 말라 죽었다는 강의를 들은 적이 있다.

둘째, 스님들도 잘되지 않는 묵조선이나 간화선을 신도들에게 설법하는 것은 소 귀에 경을 읽는 것과 같다. 상기 병이 발생할 수 있고, 현재 우리나라 국민 대부분은 노동을 하지 않거나 기계가 발달하여 단순노동에서 해방된 상태이다. 게다가 냉장고와 가전제품의 발달로 손가락만 움직이며 시도 때도 없이 음식을 먹어서 겉으로 살찌지 않는 사람은 내장 비만이며 나머지 사람들은 과체중이거나 비만이다. 이러한 사람들은 졸음이 심하여 묵조선, 간화선 기도가 더욱 어렵게 될 것이다.

현재 전세계에 명상 열풍이 불고 있다. 한국에도 명상센터가 많이 있다. 하지만 이러한 명상의 단점은 묵조선 간화선을 혼합하여 수행하는 형식이라는 것으로. 묵조선과 간화선은 단전호흡이 되지 않으므로 생기가 없고, 침이 위장으로 들어가지 않기 때문에 위장운동이 되지 않으며, 졸음을 예방하기 어렵다.

수행의 가장 큰 핵심은 단전에 생기(生氣) 활동을 시켜 기가 온몸을 순환하도록 하여야 수행효과가 극대화 된다는 것이다. 우리는 기운으로 사람을 평가하기도 하는데, 흔히 "저 사람 기운이 세다.", "기운이 약하다."라는 표현을 사용한다. 하지만 기운이 센 사람도 질병에 걸리면 기운이 약해진다. 우리의 신체 구조는 단전에서 힘이 발생하는 구조이다. 무거운 물체를 손으로 들 때 힘을 주면 대부분의 힘이 아랫배에서 나오는 것이 그 증거이다.

셋째, 입 속의 침은 건강에 중요한 역할을 한다. 어른들은 아이들에게 "음식 먹을 때 꼭꼭 씹어 먹어라."라고 가르친다. 씹는 것은 잘게 쪼개는 역할도 있지만 침을 골고루 섞는 역할도 한다. 현대과학으로 침 성분을 분석한 결과를 보면, 화를 내면 침 성분에 독성(아드레날린)이 강하게 나타나고, 기쁜 생각을 하면 좋은 성분(엔돌핀)이 강하게 나타난다고 한다.

인간의 마음인 '기쁨'을 분석하면 짧은 순간이다. 순식간에 느끼는 감정이며, 대부분 금방 사라진다. 지극한 적선과 종교적 염송은 기쁨의 연속이므로 일반적 기쁨과는 비교할 수 없는 크나큰 기쁨이다. 수행을 하는 이의 침 성분의 질과 양이 가장 우수한 것은 학술적 이론에 따르면 타당성이 확실한 것이다.

넷째, 천수경, 금강경, 법화경, 몽수경 등 여러 경전이 있는데, 이 경전들은 문장이 길어서 암송이 어렵고 짧은 시간에 할 수 없다. 특히 자동차를 운전할 때 정지신호에 걸린 그 짧은 순간에 욀 수가 없고 길 가면서 할 수도 없다는 문제가 있다. 또한 일반 신도들이 간화선을 하려면 선지식을 찾아서 점검을 받아야 하는데, 선지식을 찾기가 너무 어렵다. 누가 선지식인지 알 수 없기 때문이다.

종교의 방편(方便)

불교는 2562년 전에 교주 석가모니가 개종(開宗)하였고 2019년 전에는 예수가 기독교를 개종하였다. 이때는 문화가 발달하지 못하여 글자를 사용하는 사람은 극소수였고, 대부분의 사람들은 글자를 모르거나 알아도 말과 글이 발달하지 못해 생각을 전달하는데 부족함이 많았을 것이다. 또한 기록에도 어려움이 많아서 의사소통 역시 미흡하였을 것이다.

창조, 천당, 지옥, 극락, 윤회, 이러한 단어도 하나의 방편에 속한다. "있다.", "없다."를 떠나서 종교를 믿게 하기 위한 방편으로 보는 것이 적당할 것이다. 현세에서 악한 짓을 하면 나쁜 곳에 가고, 선한 일을 하면 좋은 곳에 간다거나 좋은 곳에서 태어난다는 것 역시 한 가지 방편인 것이다.

또한 종교를 전도하기 위하여 사후세계(死後世界)와 교주의 신격화가 필요했을 것이다. 죽어서 기독교의 천당, 불교와 유교의 극락을 미화(美化)하는 것은 당연할 것이다. 사후는 검증이 불가능한 영역이므로 미화하여 신도들에게 전함으로써 종교를 믿게 하는 도구로 사용할 수밖에 없었다.

종교에는 왜 이렇게 껍질, 즉 방편(方便)이 많을까? 일반인들은 방법(方法)과 방편을 혼동하기 쉬운데, 방법은 글자 그대로 어떠한 일에 대한 순서를 말하는 것이고 방편은 사람을 가르침으로 이끌기 위하여 설정한, 그 방법에 대한 설명이다. 방편이 많이 사용되는 이유는 사람마다 근기(根氣), 즉 지능지수가 천차만별이기 때문이다. 그래서 천만가지 방편이 있다고 한다.

기독교의 영생(永生 - "내가 하나님의 아들의 이름을 믿는 너희에게 이것을 쓴 것은 너희로 하여금 너희에게 영생이 있음을 알게 하려 함이니라.")과 천국은 예수께서 전한 메시지의 요약이다. 천국은 메시아(구세주 또는 구원자)의 초림(初臨 - 처음 오신 분)을 통해 부분적으로 실현되지만, 재림(再臨 - 다시 오신 분)을 통해서 궁극적으로 완성될 것이다.

불교의 윤회(輪廻 - 불교 교리 가운데 하나로 사람이 죽은 뒤에 업에 따라 육도(六道)의 세상에서 생사를 거듭한다는 것을 말함)는 생명이 있는 것은 여섯 가지의 세상에 번갈아 태어나고 죽어간다는 것으로, 이를 육도윤회(六道輪廻)라고 한다. 육도 중 첫째는 지옥도로 가장 고통이 심한 세상이다. 둘째는 아귀도이다. 지옥도보다는 고통을 덜 받는다. 셋째인 축생도는 동물로 태어나는 것이며, 넷째인 아수라도는 노여움이 가득한 세상이다. 다섯째는 가난한 인간세계이며, 여섯째는 행복이 두루 갖추어진 하늘세계이다.

불교의 연기(緣起)는 원소물질이며 과학과 일치한다. '연기이므로 공(空)이다.'라고 하는 것은 어색한 설명이다. 연기로서 사물이 엄연히 존재하는데 공이라고 해석하는 것은 맞을 수 없다. 지금도 사찰에서 아침·저녁 예불(禮佛 - 부처님에게 예를 올리는 것) 의식에 반야심경(般若心經 - 지혜마음의 경전)이 반드시 들어간다.

내용의 핵심은 물체가 공이고 공이 물체라는 것이다. 하지만 이 말은 현실적으로 이해하기 어렵다. 2000년대에 들어서면서 우주의 별들이 공기 속에서 빅뱅이 일어나면서 생성되고, 생성된 별은 1백억 년 정도 머물다 다시 공기로 사라지는 현상이 별똥별이라고 확인되고 있다. 이러한 것을 볼 때 '이치는 맞다.'고 하나 현실로 받아들이기에는 무리가 따를 것이다.

2015년 경 영국의 불교학 교수가 한국 사찰을 방문하고 돌아가면서 신문에 칼럼을 발표하였는데, "인류의 철학 가운데 불교 철학이 가장 우수하다고 하는 철학자들이 현재도 많다."며 "한 가지 의심나는 것이 불교의 윤회설이다. 나는 윤회설은 믿지 않는다."고 발표하였다. 윤회설뿐만 아니라 화엄경도 가상세계를 설명한 것이지 실제 세계는 아니다. 윤회나 화엄세계가 없다고 해도 일반인들이 종교를 믿게 만드는 도구로서 이 이론은 합당하다. 왜냐하면 사후세계가 있으니 현재를 적선으로 살아야 한다고 하는데 도움이 되기 때문이다.

20세기 이전에는 문명이 오늘날과 같이 발달하지 못했기 때문에 많은 방편들이 종교의 도구로 활용되었을 것이다. 하지만 지금은 정보화시대이며 핸드폰 시대이기에 그 수많은 방편들은 종교의 도구로 부적합할 것이다.

종교에서 사후(死後) 세계를 떼어버릴 수는 없다. 기독교는 하나님의 아들로 예수가 탄생하였다고 말하기 때문에, 신이 없으면 예수의 탄생은 불가능하다는 논리가 된다. 불교도 천당과 지옥, 윤회에 대한 경전들이 수없이 많다. 왜 이러한 유신(有神)의 해설이 많이 등장 했을까? 종교가 나온 시기는 신을 믿고 숭배하던 시기였기 때문이다.

현대 과학 문명이 발전한 시기는 2백 년 미만인데 반해, 종교는 불교가 2천 6백 년전, 기독교가 2019년 전에 탄생하였다. 이 시기는 원시시대로 신을 믿고 숭배하는 시기이며, 또한 신을 활용해야 신도들이 잘 따라주던 시기이다. 이론상으로 해석하면 사후세계나 신을 활용하면 사람들이 사랑, 자비, 적선을 잘하게 되어 있다. 그들은 죽을 때까지 사후를 위해서 선을 행하게 된다. 즉 죽어서라도 좋은 곳에 간다는 희망을 가지고 살면 삶의 안정에도 도움이 된다.

세계 철학 박사들이 "불교철학이 세계에서 가장 좋은 철학이며, 불교철학 중에서도 화엄경이 최고의 철학이다."라고 하는데 아무도 이의를 제기하지 않는 것으로 보아 불교는 철학 중에서도 세계최고의 철학으로 길이 남을 것이다.

지구의 종말이니, 지구를 창조했다느니, 이러한 발설은 의미가 없는 말장난인 것으로 볼 수 있다. 현재 과학자들이 주장하는 지구의 수명은 1백억 년이고, 현재 50억 년이 지났다고 한다. 이 이론이 맞다고 하여도 지금 우리와 무슨 상관이 있느냐고 반문하면 답변이 있을 수 없다.

불교의 경전인 법화경은 묘법연화경을 줄인 말이다. 모두 7권으로 28품으로 엮여 있고 모두 방편으로 되어 있다. 다른 경전도 방편이며 기독교 성경의 요한복음, 누가복음, 마태복음 등 모든 복음도 방편, 즉 껍질로 볼 수밖에 없다.

성경의 선악과 이야기, 예수님이 갈릴리 호수에 맨발로 걸어갔다는 이야기, 경전에 부처님이 도를 이루고 하늘에 올라가서 어머니를 만났다거나 갠지스 강을 맨발로 건너갔다는 이러한 내용과 비슷한 것들은 수없이 많다.

종교의 이해와 실천

종교(宗敎)는 높을 종(宗), 가르칠 교(敎)라는 두 자로 구성되며, 높은 가르침으로 해석된다. 우리나라 인구 약 5천만 명 중 종교인 수는 2005년을 기준으로 대략 불교 1,073만 명, 개신교 862만 명, 천주교 516만 명, 원불교 13만 명으로 합계 2,460만 명으로 집계되고 있다.

불교의 깨달음, 궁극적 진리를 깨달은 사람은 인도에서 붓다라 불리며 중국, 한국, 일본 등에서는 불(佛)이 불리는데, 그가 깨달은 내용을 줄여서 설명한 6신통일 것이다.

신족통(神足通)	- 신처럼 가고 싶은 곳에 쉽게 마음대로 다닐 수 있다는 것
천이통(天耳通)	- 다른 사람은 들을 수 없는 것을 마음대로 들을 수 있는 것
천안통(天眼通)	- 다른 사람이 보지 못하는 곳까지 볼 수 있다는 것
타심통(他心通)	- 다른 사람의 마음을 알 수 있다는 것
숙명통(宿命通)	- 전생의 일들을 아는 것
누진통(漏盡通)	- 번뇌가 없어져 다시는 번뇌가 일어나지 않는 것

이 불교의 6신통도 학문적으로 이러한 것이 있다는 표현이고, 부처님의 깨달음을 높이 평가하는 신통에 불과하지 스님이나 일반인들은 불가능하다고 보는 것이 종교를 이해하는데 도움이 될 것이다.

종교인들이 불교를 믿는다고 하면서 일 년에 한두 번 절에 가서 등이나 달고 오곤 한다. 또한 일 년에 몇 번 성경을 들고 교회에 가면서 기독교를 믿는다고 하는데, 이러한 사람들은 허상일 뿐이다. 종교인으로 볼 수 없는 것이다. 열심히 제대로 신앙생활을 하더라도, 추구하는 내용이 진리에 맞지 않거나 내용이 맞아도 껍질에 치중했다면 종교의 효과를 기대하기 어려울 것이다.

종교의 교리를 배우는 것도 중요할 것이다. 그러나 알맹이를 알고 자기 수행을 해야 하며, 수행을 많이 하는 것과 동시에 나눔을 실천해야 것은 너무도 당연한 일이다.

종교를 믿을 때, 그 종교의 교주의 말씀을 믿을 수밖에 없다. 교주는 이미 오래전에 돌아가시고 없기 때문이기도 하지만, 만약 살아있다 해도 말과 행동을 믿을 수밖에 없다. 사람이 신(神)을 종교로 믿는 시대는 지나갔다. 종교도 과학적이고 철학적 이치에 부합하는 것을 믿을 수밖에 없는 시대이다. 종교의 가르침 중에서도 이치에 맞는 진리를 믿어야 한다.

모든 종교의 핵심인 사랑, 자비, 적선, 겸손 등을 말로 듣고 글을 보아서 아는 것도 중요하다. 그러나 실천이 없으면 아무 소용없을 것이다. 이것이 무엇을 의미하느냐 하면 성직자들도 전법 또는 전도를 목적으로 실행하지 않으면 잘못된 것이고, 신자 신도들은 자기에게 맞는 원력과 전도전법을 실행하지 않으면 그 신도나 신자들은 절이나 교회에 살아도 복덕이 되지 않는다는 것이다.

불교의 물고기 방생(放生)은 죽어가는 물고기를 살려주는 좋은 뜻이다. 그러나 현실에서 우리들은 물고기 방생과 맞지 않는 생활을 하고 있다. 불자 중 육식을 하지 않는 불자는 없을 것이다. 방생을 가면서 생선회나 소고기 육회, 수많은 젓갈을 먹는다. 사찰 스님들이 주관하는 방생은 방생날로부터 전후 15일동안 육식을 금하고 있다. 이것을 지키며 방생을 하여야 그나마 명분이 설 것이다. 또한 병원에 환자나 불우이웃 돕기를 10번 했다면 방생은 한 번, 혹은 그 이하로 해도 좋을 것이다. 공덕 중 사람을 돕는 것이 최고의 공덕이다.

자력(自力)과 타력(他力) 신앙

우리들은 죽어볼 수 없으므로 천당과 지옥, 극락을 확인할 수 없다. 때문에 살아 있을 때 우리 모두 생기 수행으로 건강한 진리의 몸과 마음이 되어 나눔과 적선(積善 - 착한일이 쌓이는 것)을 실천해야 한다. 이것을 통해 살아 있을 때 천당과 극락에 머물게 된다.

종교에는 여러 신들이 등장한다. 산신, 해신, 무슨 신, 하나님까지도 인류가 종교를 전파하기 위한 신으로 등장했다. 지금도 불교 일부 사찰에는 산신각이 있을 정도다. 하지만 신들이 무엇을 창조하였나. 무형의 신은 글자 한 자 쓰는 것도, 말 한마디를 하지도 듣지도 못한다.

타고난 운명과 타고난 근기는 자기자신이 선택할 수 없다. 다른 무언가에 의해 결정된 채로 태어난다. 운명(運命)은 '운전할 운'자에 '목숨 명'자를 합친 말이다. 때문에 우리들의 인생을 자동차에 비교할 수 있는데, 각각 최고급차, 무난한 가격의 중형차, 저렴한 경차를 운전하는 것과 같다고 볼 수 있다. 고급차도 운전을 잘못하면 사고가 나서 폐차를 하게 된다. 저렴한 경차도 운전을 잘하면 수명에 맞게 잘 사용할 수 있다. 사람도 이와 같은 이치이므로, 수행을 열심히 하면 좋은 운명을 맞이할 수 있는 것이다.

나 외에 다른 신이 나를 도와준다고 믿고 행하는 것을 타력 신앙이라고 한다.

기독교는 하느님을 창조주로 믿고 모든 것을 하느님이 할 수 있다고 설명한다. 또한 하느님은 전지전능(全知全能)하신 분이라고 한다. 이 책 내용에서 기독교의 설명이 적은 것은, 하나님을 중심으로 기독교 설명이 이루어져 현실에서는 설명이 어렵고 이론을 정립할 수 없기 때문이다. 결국 간략한 설명을 할 수밖에 없었다.

불교의 창시자 석가모니가 제자들에게 "나는 일주일 후에 저세상으로 간다."고 알리자 제자들이 "스승님이 없어지면 우리들은 누구를 믿고 따라야 합니까?"라고 답했을 때 부처님이 하신 말씀이 그 유명한 자등명 법등명(自燈明 法燈明)으로 "자기의 등불을 밝히고 법의 등불을 밝히라."이다. 여기서 법은 부처님이 가르쳐준 진리를 표현한 것이다. 즉 법이란 12연기, 사성제, 고집멸도, 팔정도이다.

말과 글로써 다른 사람에게 뜻을 전달하기란 매우 복잡하다. 또한 말과 글의 개념도 복합적(複合的)인 것이 많다. 일체유

심조(一切唯心造)에서 모든 것은 오직 마음뿐이다. 마음은 어디에 있는가. 반드시 몸에 있다. 개념적으로 봤을 때, 일체유심조는 틀린 말이다. 이것은 마음이 중요하다는 뜻이다.

이러한 모든 개념은 교만하지 말고, 하심과 겸손으로 지식을 나누고, 물질을 나누고, 어려운 사람을 도와가면서 살라는 뜻으로 해석하는 것이 가장 적합할 것이다.

지금은 신도와 신자들이 종교를 바라보는 시각이 달라지고 있다. 통신이 발달하여 신비의 종교 교육은 설 자리가 없어지고 말았다. 결국 종교는 학문으로 취급되기 시작했다. 때문에 어느 종교가 생활에 유익한 이론과 실천방법을 가지고 있는지 분석하여야 할 것이며, 종교의 핵심이 무엇인지 알고 믿어야 생활에 도움이 될 것이다. 핵심을 모르면 한 평생 껍질만 헤매다가 인생을 헛되게 살고 생을 마칠 것이다.

세계 대부분의 국가들이 종교시설을 보유하고 있으며, 종교인들이 자유롭게 종교 활동을 하고 있다. 불교는 불교이론에 맞는 시설에 그 종교에 맞는 그림과 조각상들이 배치되어 있고, 기독교는 기독교 이론에 맞는 시설로 되어 있다. 신도들을 가르치는데 도움이 되는 것은 인간이 살아가는데 자기의 앞날을 알 수 없다는 것이다. 그러므로 앞날에 나쁜 일은 없어지고 좋은 일이 많아지기를 종교에 의지하여 비는 것이 기도일 것이다.

현재 불교를 믿고 제대로 실천하는 스님도 많지 않고 신도들은 대부분 잘못 알고 행동하고 있다. 절에서 조상 천도제, 삼재풀이 부적을 가지는 것, 방생기도, 성지순례, 입시기도, 승진기도, 사업번창기도 등을 하는데, 이러한 행동은 잘못된 것이고 효과가 없다. 물론 하지 않는 것보다는 좋다고 할 수 있는 것이, 행하는 동안 행하는 자의 마음에 간절함이 간직됨으로 이해할 수 있는 것이다.

자기가 타인, 즉 가족과 친척을 위하여 기도하면 자기에게 99%가 돌아오고 1%는 타인, 즉 지정한 그 사람에게 간다고 설명할 수 있다. 예를 들어 기도하는 사람이 돈이 1억이 생기면, 타인으로 지정된 그 사람에게는 1백만 원의 혜택이 돌아간다는 가정이다.

참다운 신도는 진리를 모르는 사람에게 진리를 가르치고, 어렵고 병고에 시달리는 사람을 돕는 적선을 실천한다. 이것이 가장 우선되어야 하며, 동물을 돕는 것보다 사람을 돕는 것이 가장 좋은 적선이다. 종교를 가르치는 성직자들도 이러한 이치에 맞는 가르침이 반드시 행해져야 될 것이다.

남을 위하는 적선만 하는 것은 성직자(聖職者)이며, 이들은 전법 전도가 목적이다. 일반 사람들은 자기의 직업에 관한 목적의 참된 원력이 최우선이고 다음이 적선일 것이다. 여기서 원력은 현재 자기가 하고 있는 일이나 하고 싶은 일을 짧은 문구로 정하는 것으로, 기도하기 전에 원하는 일이 잘되도록 마음으로 외우고 다음 적선도 함께 되도록 기도를 하는 것이 순서일 것이다.

기도는 '기도할 기'자에 '빌 도'자가 합쳐진 단어임에도 불구하고, 대부분의 종교인들은 기도에 대하여 잘 모르고 있거나 껍질을 빌고 있다.

사람은 누구나 부모로부터 유전자를 물려받았다. 이는 자의로 할 수 없는 일이며, 조상으로부터 물려받는 것은 운명이다. 염송기도는 물려받은 운명을 자기의 힘으로 바꾸는 수단이다. 운명을 바꾸는 수단은 오직 이 길밖에 없으므로 실천하지 않으면 아니 된다.

이익이 악업이 되는 경우의 한 가지 예를 들면 우리들이 많이 사용하는 핸드폰을 들 수 있다. 핸드폰을 서울에서 만들어 부산에 판다고 가정해 보자. 그러면 부산으로 옮기는 운송비가 발생하기 때문에 가격이 오른다. 그러나 서울에서 살 때의 가격이나 부산에서 살 때의 가격이 같다고 하면 이는 서울 소비자를 속이고 값을 더 받는 것이다. 똑같은 물품을 할인할 경우, 할인 전에 구매한 사람은 속았다고 할 수 있을 것이다. 신선도를 중요시하는 생선은 몇 시간 마다 가격을 낮추어야 한다. 그러나 낮추는 가격의 차이가 일정할 수 없다.

상업화의 이익개념은 정확한 이익산출이 이루어질 수 없는 구조로서, 개인이나 집단의 편리에 따라 이익이 변하는 심리적 이익구조이다. 그리고 이것은 합법적으로 상대를 속일 수 있는 구조로 발전되어 있다.

서양 철학

'나는 생각한다. 그러므로 존재한다.'

4백 년 전 근대 철학의 창시자인 독일의 데카르트는 '우리가 무엇을 알 수 있는가?'를 주제로 고찰을 시작했다. 그래서 그는 의심할 여지없이 확실한 지식을 찾기 위하여 모든 것을 의심해 보았다. 그는 우리의 감각이 전달하는 것은 물론, 자기가 살아 있다는 것조차 의심했다. 이렇게 철저하게 모든 것을 의심한 결과, 그는 자기가 모든 것을 의심하고 있다는 사실만이 자신이 확신할 수 있는 유일한 사실이라는 것을 깨달았다.

"신은 죽었다."라고 선언한 독일의 철학자 니체(1844~1900)는 독일 작센주 레켄에서 목사의 아들로 태어났다. 그러나 다섯 살 때 아버지를 잃고 딸만 있는 외갓집에서 자라면서 여성적인 섬세한 성격을 갖게 되었다. 어릴 적부터 성경공부를 많이 하여 꼬마 목사란 별명까지 얻었다. 성장하여 기독교에서는 괴로워하는 자, 가진 것이 없는 자, 병들고 추악한 자가 하나님의 축복을 받는다고 가르치는 반면, 고귀하고 힘 센 자들은 하나님을 섬기지 않으므로 영원히 저주 받는다고 가르쳤다.

하지만 이러한 가르침들이 타력, 즉 신에 의하여 이루어진다고 하는 것이 잘못된 것임을 알고 그는 "신은 죽었다."라고 하였다.

니체는 신을 믿는 나약한 인간들을 의존적 인간이라고 말했고, 그들은 스스로가 주체가 될 수 없으며 자기를 사용하고 버리는 일을 최고의 명예로 여긴다고 했다. 또한 확신을 위해서 자신을 희생하며 이성을 무시하고 과장된 몸짓을 선호한다고 말했다.

서양의 철학에서 데카르트가 '나는 무엇인가'라는 명제로 모든 것을 의심한 것이 불과 4백 년 전인데 반해, 불교의 대표적인 화두 수행법 중 '이뭣고' 수행법은 1천 2백 년 전부터 지금까지 실행하고 있다. '이뭣고'는 '나는 무엇인가?'라는 데카르트 물음과 같은 뜻이다. 이처럼 불교철학의 뿌리가 깊은 것은 참으로 놀라운 일이 아닐 수 없다.

현재 동양에서의 불교

중국과 북한은 세계 2차 대전 이후 종교탄압으로 종교의 자유가 없어졌다.

우리나라는 최근 통계에 따르면 인구 약 5천만 명 중 불교 19%, 기독교 14%, 천주교 8%, 무교 59%로 불교를 가장 많이 믿고 있으며, 일본의 경우도 인구 약 1억 2천 7백만 명 중에서 불교가 69%, 기독교·천주교가 1.8%, 무교 29.2%로 역시 불교를 가장 많이 믿고 있다. 타이완 또한 인구 2천 3백만 명 중에서 불교를 71%, 기독교·천주교를 1%, 무교가 28%로 불교를 가장 많이 믿고 있다.

이 3국은 역사나 민주주의 국가로서 지나온 배경이 비슷하다. 스님들의 경전공부와 수행은 3국 중에서 우리나라가 가장 발달되어 있는 것으로 분석되었다. 그런 우리나라가 불교를 발전시키지 못한 이유가 무엇일까? 종교의 알맹이 전법(傳法)을 소홀이 하고 껍질에 빠져 이러한 결과를 가져온 것이다.

7

종교의
알맹이

종교 사상을 간단히 말하면 희생정신의 실천, 다시 말해 살신성인(殺身成仁: 자기 몸을 죽여서 남을 돕는 것)이다. 예수나 부처는 진정한 살신성인을 실천하였다. 기독교의 가르침은 모든 원인을 하나님으로 제시한다. 하나님이 없다고 가정하면 기독교는 존재하지 못할 것이다. 그리고 그 결과는 나눔과 사랑이다. 불교의 가르침은 원인을 정견(正見 - 자기 마음을 바로 보아라. 인생은 무상(無常)하며 진리로 보면 무아(無我)이다.)으로 본다. 정견이 없으면 불교도 존재하지 못할 것이다.

　　인간에게 가장 높고 중요한 사상은 사랑과 나눔으로, 불교 용어인 보시(布施 - 베풀 보, 베풀 시)가 그것을 잘 보여준다. 나눔에는 '진리를 배워서 모르는 사람에게 가르쳐 주는 나눔', '재물을 나누어 주는 것', '자기의 노동으로 남을 도와주는 것'이 있으며, 이것이 바로 알맹이고 핵심이다. 지구상 모든 종교의 말과 글로 표현된 것은 이 3가지 핵심개념으로 압축된다. 모든 종교수행 중 핵심은 새로운 생기염송 수행(아래 '8. 인류의 보배 생기염송선'에서 설명)이 되어야 할 것이다.

동양의 인간 사상은 인(仁), 즉 '어질다.', '인자하다.'를 강조하고 있다. 이 또한 사랑, 자비, 적선과 비슷하거나 같은 개념일 것이다. 종교의 알맹이나 인간사상의 핵심도 종교사상과 다를 수 없는 것이, 사랑, 자비, 적선 이외에는 인간의 목적 우선순위에 다른 사상을 둘 수 없기 때문이다. 이것을 알고도 실천하지 않으면 알맹이도 껍질로 변한다. 자기의 마음에 나눌 생각이 있어도 실천이 따르지 않으면 종교의 책들을 천만 번 외우거나 사경(寫經), 독경(讀經), 청경(聽經)을 수만 번하여도 소용없는 것이다. 성직자(聖職者)가 되어도 공덕이 없다.

진리를 배워서 모르는 사람에게 가르치는 것은 알맹이 중에서도 핵심이다. 불교 경전에도 법보시(法布施)가 재물을 나누어 주는 것과는 비교할 수 없는 큰 보시라고 정의하고 있다. 진리를 모른 채 어둠 속을 방황하면서 사는 것과 달리, 진리를 배워 밝은 지혜 속에서 사는 사람은 선업을 지어 자기도 행복하고 자녀도 행복하며 남에게 가르칠 수 있는 힘도 얻게 되기 때문이다.

가장 큰 공덕이 되는 진리는 다음과 같다.
1. 인간은 끝없는 시간 속에 잠깐 머물다 사라진다.
2. 남이 없으면 나도 없다.
3. 교만은 악이 되고 겸손은 복이 된다.

하지만 어렵게 생각할 필요가 없는 것이, 이 책 속에 다 있다. 보고 익혀서 남들에게 가르쳐 주겠다는 신심(信心: 믿는 마음)만 내고 실천하면 된다. 자기 주위에 진리를 모르고 있는 사람을 선정하여 차나 음식을 대접하고 관심을 가지고 노력하면 진리를 가르칠 수 있다. 세 가지 나눔을 생각하고 또 생각해서 반복하여 습관이 되도록 하면 실천에 사상이 나타나게 된다.

인간에게 무엇이 목적이 될 수 있는지 생각해 보자. 지금 우리들이 추구하면서 살고 있는 것은 돈과 명예, 또는 자기의 직업으로 하고 있는 일들이다. 하지만 돈과 명예가 완전한 행복인가? 자기가 하고 있는 일들이 완전한 행복인가? 이것들은 인간의 목적이 될 수 없다. 삶을 살아가기 위한 한 가지 수단일 뿐이다.

불교에서의 육바라밀

바라밀은 깨달음을 얻고자 하는 일들 또는 행복을 얻고자 하는 일들로 해석하며 여섯 개의 바라밀은 아래와 같다.

보시(布施)	- 남을 대할 때는 주는 마음으로 대하라.
지계(持戒)	- 10계를 지켜서 복덕을 쌓아라.
인욕(忍辱)	- 겸손하고 참아서 어리석음을 없애라.
정진(精進)	- 옳거든 부지런히 실행하라.
선정(禪定)	- 어지러운 생각을 멈추어 고요한 지혜로 생각하는 것.
지혜(智慧)	이러한 수행으로 깨달음의 지혜가 일어나는 것.

그리고 이 바라밀들은 적선의 3원칙에 따라 하여야 한다.
1. 보시하는 사람이 청정한 사람, 착한 사람.
2. 보시하는 물질이 부정하게 손에 넣은 것이어선 안 된다는 것.
3. 받는 사람이 청정한 사람이어야 하며 받아서 나쁜 곳에 사용하면 안 된다는 것.

보시(布施)는 하는 사람이 '내가 보시했다.'는 마음을 가져선 안 된다. 그럴 경우 보시의 공덕이 감소한다. 물론 베풂을 자랑하고 싶은 생각은 누구에게나 있다. 하지만 이러한 생각이 나오면 기도로 생각을 지워야 참다운 보시가 된다.

이외에도 진리의 공부를 하여 모르는 사람에게 가르쳐 남이 행복하도록 해야겠다는 신심을 내어야 할 것이다. 이러한 분석이 종교의 높은 가르침인 사랑, 자비, 적선을 해야 하는 이유이며, 그 때문에 종교의 진리로 평가될 수밖에 없는 것이다.

기 수행

국제적으로 현재까지 기(氣)에 대한 수행과 인식 아래에서 설명되는 몇 가지를 살펴보면, 단전(丹田)이라는 단어는 한자 옥편에 단(丹 - 붉을 단, 마음 단, 성실할 단) 전(田 - 밭 전)이며, 뜻을 종합하면 '성실한 마음 밭'일 것이다.

단전은 학문적으로 상단전은 두뇌를 말하고, 중단전은 가슴 쪽을 말하며, 하단전은 배꼽 아래 9㎝ 정도에 위치하는 곳을 말한다. 우리는 일반적으로 하단전만을 단전이라고 생각하는 것이다.

동양에서는 기가 몸의 구성과 활동의 가장 근본이며 목숨을 늘려주는 약이라고 강조한다. 마음으로 기의 신묘함을 부리고 기(氣) 운용(運用)의 요법을 익힌다면 곧 신선이 될 수 있다는 것이다. 이것은 기는 수련할 수 있고, 수련을 통하여 질병을 막고 수명을 늘릴 수 있음을 뜻한다.

헤겔 사전에 생기(生氣 - Geschehen)란 정신현상학에서 의식 경험의 운동을 설명하는 말이다. 물론 정신현상학에서는 단순히 일어난 일이라는 의미로 사용되는 경우도 있지만, 술어로서는 의식에 있어 현상인 까닭에 그 필연성이 통찰되지 않은 채 발생하는 것을 의미한다.

예를 들면 무한성은 같은 이름의 것이 자기반발로서 지성적 의식에서 생겨나지만, 이것이 어떻게 해서 생겨나는지는 자각되지 않는다. 그 점에 관해서는 "경험하는대로의 운동은 지성에서는 생긴다."라고 하며, 이를 정신현상학이라고 말하고 있다.

기와 단전에 대한 지식은 이 책에서 핵심적으로 말하고자 하는 생기염송이 질병치료 및 예방 작용에 대한 설명을 학술적으로 뒷받침을 하는데 중요하다. 때문에 이를 위한 자세한 설명이 필요할 것이다.

기는 중국의 철학용어로 모든 생명 현상은 기의 취산(聚散), 즉 기가 모이고 흩어지는 데 따라 생겨나고 없어지는 것이라고 본다. 따라서 기를 생명의 근원(根源)으로 보기도 한다. 바람을 공기(空氣)로 표현하기도 하는데, 바람이 없으면 생명체는 존재하지 못한다. 현재 지구의 대기권 밖에는 생명체가 존재하지 않으며, 대기권 안에서만 생명체가 존재한다.

중국에서는 음양오행론이 전개되고 양생 의학 및 길흉화복에 관련되는 일상생활에까지 기를 적용하여 모든 것을 설명해 나갔다. 오늘날까지 전해지고 사용되는 사주팔자가 기에서 시작된 것을 알 수 있다.

현대 사회를 살아가는 우리들이 사기(死氣 - 죽은 기운)가 된 것은 기를 사용하지 않고 생활하는 방식 때문이다. 몸을 움직이지 않고 편하게 돈을 버는 직업을 좋아하고, 기가 사용되는 힘든 일을 기계로 대체하면서 사기로 변한 것이다.

인류의 오랜 역사를 유추해보아도 원시시대부터 도구를 사용해야 했고, 먹이를 구하는 일은 중노동이었을 것이며, 농경사회도 농지를 일구어야 했다. 곡식을 재배하는 일은 아랫배의 힘을 사용하지 않고는 할 수 없었을 것이다.

동의보감에서는 병명(病名)을 진단할 때 기(氣)를 살펴본다. 기가 몸 안팎으로 잘 돌고 있는지 살피고 기가 잘못되어 생기는 각종 질환과 치료법을 제시한다. 동의보감은 기를 호흡하여 무병장수를 기약하는 방법의 요체가 바로 여기에 있다고 한다.
'대자연의 호흡을 본 받아라.'
이는 몸 안의 죽은 기운을 내뱉고 대기의 생기를 호흡하라는 것으로 특별한 수련법을 필요로 한다.

병마도 물리치는 호흡법. 조식(調息 – 호흡을 부드럽게 쉬면서 휴식)
몸속에 있다는 삼시(三尸 - 세 번 죽음)를 퇴치하면서 다음과 같이 하면 외부의 기(氣)를 체내에 받아들일 수 있다고 한다. 일반적으로 보통 사람들이 하는 호흡법은 외부의 기를 빨아들일 뿐, 그것을 신체 각 부위로 순환시키지는 못한다. 중요한 것은 기를 그대로 밖으로 내보내지 않고 폐기(閉氣 - 기운을 가두어 두는 것)하여 신체 내부에 남겨놓는 것이다. 이것을 조식이라고 한다.

호흡 방법은 우선 코로 숨을 들이 쉬어 가슴속에 넣고 숨을 멈춘다. 그리고 심장박동을 120까지 센 다음 입으로 천천히 내뱉는다. 이 동작은 가능한 한 천천히 하는 것이 좋다. 이 호흡법을 완전히 익히려면 깃털처럼 가벼운 물체를 코 위에 올려놓고 연습하면 된다. 이는 동의보감에서 설명하고 있다.

호흡을 할 때는 많이 들이마시고 적게 내뱉겠다고 마음먹는다. 그리고 가슴속에 숨이 오랜 시간 머물도록 훈련을 한다. 그렇게 해서 심장박동을 1천까지 셀 수 있게 되면 육체는 다시 젊어지고, 10년 넘게 이것을 하면 선녀가 나타나 좌우에서 시중을 드는 것처럼 된다.

그런데 이 호흡법은 오전 0시부터 정오까지만 해야 효과가 있다. 이 시간대는 생기가 넘쳐흐르는 양(陽)의 시간대이기 때문이다. 오후는 음(陰), 즉 사기(死氣)가 활발한 시간이어서 오히려 역효과만 난다고 한다.

기와 단전에 대한 필자의 분석

기존 설명에 조식호흡(폐(肺)에 공기를 가두고 맥박을 세어라)은 의미가 미약하고 또한 오전에는 효과가 있고 오후에는 해롭다. 수행으로 호흡을 하는 것도 일종의 운동에 포함된다고 할 수 있다. 운동을 하는데 오전은 이롭고 오후는 해롭다면 과학적 이론으로는 부족하다. 그리고 실행하기도 어렵다.

설명된 조식호흡법 자체가 오래전에 설명된 것이라는 게 문제다. 가늘고 천천히 숨을 쉬는 방법이 맞을 가능성은 거의 없는데, 옛날에는 지금의 북한처럼 영양실조가 만연한 시대였기 때문이다. 영양실조 증세에는 소장(小腸)에 기름덩어리가 부족하여 충격을 많이 주면 영양실조를 심화시키기 때문이다. 그러니 이 방법은 맞지 않을 것이다.

다음은 단전호흡으로, 본 방법은 구시대적 방법이라고 할 수 있다. 숨 쉬는 방법이 가늘고 느리면 하단전 자극이 미약하여 기가 발생할 수 없다. 기 발생이 되지 않으면 가장 중요한 핵심이 없어지므로 효과는 미약하여 변화를 느끼지 못할 것이다.

8

인류의 보배
생기염송선
生氣念頌禪

이 책 내용의 핵심이다. 생기가 발생하는 곳을 단전(丹田 - 배꼽 아래 9㎝)이라고 하는데, 정확히 배꼽 아래 9㎝ 지점에 있는 소장(小腸 - 작은창자)에서 생기가 발생된다. 소장은 하복부 근육에 덮여 있어서 외부충격으로는 자극이 미약하여 생기를 발생시키지 못한다. 아랫배 호흡을 하여도 가느다란 호흡을 하는 방법으로는 소장을 자극하지 못한다.

헤겔 사전 설명에도 생기(生氣)가 어떻게 생겨나는지 모르고 있는데, 생기는 반드시 소장(小腸)에서 발생한다. 나는 의학적으로 그 이유를 설명고자 한다. 위장(胃腸)에서 분해된 음식물이 소장에서 효소로 변하여 흡수된다. 우리 몸에는 100조 개에 달하는 장내세균이 존재하는데, 무게는 1.5~2kg으로 종류는 약 2천 종에 달한다. 이러한 장내세균은 대부분 박테리아로 구성되어 있으며, 건강한 성인의 경우 평균적으로 30%는 유익균(有益菌), 5~10%는 유해균, 60~65%는 중간균으로 존재한다. 염송수행을 하면 아랫배가 등쪽으로 최대한 들어가면서 소장을 자극하여 중간세균이 유익균으로 변하면서 생기가 발생하는 것이다.

장내 세균들은 섭취된 음식을 소화시키기 위하여 분해효소를 분비함으로써 소화활동을 보조하고 유해물질을 분해하는 작용을 하는데, 이러한 과정을 발효라고 한다. 신체 각 부위에 맞도록 발효된 각종 효소가 오장육부로 보내지고, 간장(肝腸)에서 다시 분해되어 혈액으로 보내진다. 신체 각 부위에 맞도록 분해되는 이때 두뇌활동에 좋은 발효가 많이 생성되어 음(陰)으로 작용하고, 염송의 음성(音聲)이 뇌파를 자극하여 양(陽)으로 작용하여 알파파로 발산되는 것이 바로 생기인 것이다.

하단전에 호흡과 의식을 집중해 생기를 만들면 기가 충실해지고, 이에 따라 중단전에 기를 모으면 영감(靈感)이 충실해지며, 상단전에 영감이 모이면 도(道)에 통한다. 생기에서는 기를 체내에 돌려 순환시키고 원활하게 하는 것을 '몸 안에 주천(周

天)'이라고 하는데 즉 천기(天氣 - 하늘기운)를 구한다는 뜻이다.

세계 불교수행에 묵조선과 간화선 명상은 아랫배도 들어가지 않고 소리도 부르지 않는다. 소리를 부르는 불교염불선은 복부로 부르지만 아랫배가 들어가도록 하지는 못한다. 또한 하복부로 불러도 아랫배가 등 쪽으로 최대한 들어가지 않으면 소장에 자극을 줄 수 없어 생기가 발생하지 못한다.

1. 생기염송은 인간에게 가장 유익한 소리로 4~5자짜리 지혜광명이나 자기종교에 맞는 말 즉 진언을 계속 부르면 귀로 듣고 뇌파에 입력되어 입속의 침이 가장 유익한 침으로 변하여 위장활동을 좋게 한다. 아랫배는 등 쪽으로 최대한 들어가면서 단전(소장)을 자극하여 유해균이 감소하고 유익균이 늘어나면서 생기로 변하고 뇌파를 좋게 한다. 호흡을 크게 함으로써 폐활량이 늘어나고 심장을 활동을 좋게 한다. 이 모든 작용이 생기염송 하나로 이루어지는 기적 같은 과학적 수행방법이다.
2. 생기염송수행은 신체의 에너지를 가장 적게 사용하고 짧은 시간에 가장 많은 생기를 일으킨다. 또한 수행의 핵심인 자정기심(自淨其心 - 스스로 그 몸과 마음을 맑게 하는 것)으로 진언 소리를 부르고 들으면 스트레스와 잡념이 자동으로 없어지며, 현대 의학이 고치지 못하는 질병도 고쳐지는 경우가 많고, 여러 가지 질병이 치료 및 예방된다.

3. 종교의 핵심인 기독교의 예배, 불교의 참선, 유교의 기도수
행에 반드시 필요한 신비의 열매, 생기염송이 완성되었다.
옛날 사람보다 현대인들은 육식을 많이 하기 때문에 뇌가
탐욕에 물들어 있어 묵조선이나 간화선 등의 명상은 적합
하지 못하다. 현대를 살아가는 우리들에겐 염송선이 적합
하다.

4. 종교를 믿지 않는 사람이나 남녀노소, 고학력·저학력을 떠
나 누구나 쉽게 할 수 있고, 두뇌에 파동을 일으켜 지혜가
증가되면서 운명이 좋아진다.

5. 그리 많은 시간을 요구하지 않아 단순한 노동을 하는 와중
이나 보행을 하는 중에도 짧게 수행을 할 수 있다.

6. 운동기구나 다른 물체를 일체 사용하지 않기에 작은 공간
에서도 할 수 있고, 그만큼 종교시설에 오고가고 하는 시
간도 절약된다.

7. 생기염송수행을 하면 피부색이 좋아진다. 겉으로 화장품
등의 물질을 바르는 건 껍질만 좋아질 뿐이다. 반면에 수행
은 속부터 좋아지기 때문에 질적으로 다르다. 인류 수행에
는 약점이 없고 과학적 장점이 많다.

8. 진언소리를 부르지 않고 아랫배만 들어가는 호흡을 하면
힘에 균형이 맞지 않아서 힘이 많이 소모되어 오래 하지 못
한다. 아랫배 들어가는 힘이 진언소리의 힘과 균형을 이루
어야 오랜 시간을 쉽게 할 수 있다.

9. 생기염송을 하면 진수면(眞睡眠)을 취할 수 있다. 그만큼 수

면에 질이 좋아지면서 수면시간이 10~20% 감소하고 수행으로 능력이 높아지며 기쁜 시간도 증가한다.

10. 현재 우리들의 삶은 과학적인 물질을 소유하는 광고에 마음이 현혹된 상태로, 욕심을 부리며 살 수밖에 없다. 이러한 시대에는 고요히 앉아 생각에 잠기는 수행은 맞지 않다. 생기염송이 적합하다.

11. 수행에 효과가 가장 높은 것은 무아지경(無我之境 - 내가 없는 경계)이다. 이는 불교용어인데, 삼매(三昧) 시간이 많을수록 수행이 잘되는 것이다. 무아지경을 통한 수행 방법으로도 생기염송이 가장 좋다.

12. 진언을 부르면 반드시 원하는 대로 길이 열린다. 물론 빠르고 늦은 차이는 있다.

동물의 왕은 사자요 인류 수행의 왕은 생기염송이다. 종교의 핵심도 생기염송으로 불러라. 현재 건강하다고 교만부리지 말고 겸손으로 생기염송 수행을 하라. 고통도 즐거움도 한순간의 꿈과 같다. 그러니 건강하게 살아있다는 사실에, 생명에 감사하라.

현재까지의 수행법은 생기(生氣)가 단전에서 발생되는 것을 모르고 있었을 것으로 예상되며, 또한 생기가 능력을 높이는 데 핵심인줄을 몰랐을 것으로 생각된다. 특히 침의 작용은 최근에 과학이 발달하면서 밝혀진 것으로, 생기염송이론이야말로 합리적 이론일 것이다.

  지금까지 분석한 내용을 정리하면 종교적 예배기도 및 선수행, 명상, 요가, 단전호흡 모두 무기(無氣 - 생기가 없는 것) 수행이었던 것이 확실하다. 또한 요가와 단전호흡은 몸 수행만 되고, 종교적 수행과 명상은 마음의 수행이다. 반면 생기염송은 몸 수행과 마음 수행이 동시에 이루어지고 생기가 일어나는 최고의 수행이다.

  인간은 생각이 일어나고 나서 행동을 하게 되는데, 정작 생각만 하고 행동을 하지 않는 경우가 많다. 내가 어디에 가든지 무엇을 하든지 생각은 한다. 그러나 실제 행동은 하지 않는 경우가 많다. 인간의 뇌에 좋은 생각이 발생하도록 노력하는 과정이 바로 종교적 행동일 것이다. 뇌에 좋은 생각, 만족하고 행복한 생각을 넣는 목적에 따른 방법이다. 생각만 하고 있는 대표적인 수행이 묵조선 간화선 명상이다.

  반면 생기염송은 생각과 아랫배 운동을 하여 생기가 발생하고, 동시에 소리로 행동을 한다. 이렇게 해야 좋은 생각을 뇌에 입력하는데 효과적이다. 말은 생각과 행동을 동시에 하는 행위이다. 말하는 내용은 말하는 사람의 의식에 따라 결정되고, 말하는 사람의 의식은 그 사람의 수준에 따라 결정된다. 말의 파동은 생명의 파동이 될 수도 있고 죽음의 파동이 될 수도 있는 위대한 힘이 된다.

긍정적인 말은 생명의 파동으로 위대한 힘이 있다. 그렇기에 확신을 가지고 흔들림 없는 말을 해야 한다. 그러면 그 말은 이루어진다. 우리가 어떤 미래를 살아갈 것인가 하는 것은 오늘 우리가 어떤 생각을 하고 어떤 말을 하느냐에 달려 있다.

우리는 유전자의 힘을 너무 맹신하고 운명, 건강, 질병뿐만 아니라 습관까지 유전자를 물려준 부모나 조상을 닮는다고 생각한다. 물론 부모의 유전자를 닮는 것은 부정할 수 없다. 그러나 유전적 결정론에 매달려 그것이 곧 운명인 것처럼 무의식적으로 받아들이곤 한다.

하지만 최근 후성(後成) 유전학의 연구에 의하면 유전자는 스스로 발현되는 게 아니다. 건강한 유전자를 가진 사람도 후성유전적 신호의 왜곡에 의해 암에 걸릴 수도 있고, 결함 유전자를 가진 허약체질의 사람도 정상적이고 건강한 단백질과 기능을 만들어 낼 수 있다는 것이다.

세계적인 생물학자인 니주트(H.E Nijhout) 역시 "유전자가 생명을 지배한다는 생각은 가설일 뿐이라는 사실을 과학자들이 잊고 있는 것"이라고 하며 "유전자가 무엇인가를 만들어내려면, 유전자 자체의 특성이 아니라 환경으로부터 오는 신호가 그 유전자의 발현을 활성화시켜야 한다."는 것이다.

세포에서 가장 중요한 역할을 하는 것은 세포 핵이다. 그 안에 유전자를 전사(傳事)하고 발현시키는 핵심정보를 품고 있기 때문이다. 그런데 유전자 발현의 진정한 키는 세포막에 있다. 세포에 지능이 있다면, 그건 바로 세포막에 있다. 세포막의 수용기가 외부환경신호를 포착할 수 있는 능력을 가지고 있는 것이다.

현대 의학적으로 뇌가 작용하는 실험내용을 소개하면 다음과 같다.

대뇌피질에 있던 생각이 뇌간까지 가는데 소요되는 최소한의 시간은 21일이라는 것은 행동 과학자들의 이론이다.

새로운 회로는 만들어지지만 조금이라도 충격을 주면 회로가 끊어지는 불안전한 단계라고 한다. 그래서 이 단계를 넘어서야 새로운 습관의 회로가 정착된다는 것이 과학자들의 결론이다. 결국 습관이 확실하게 형성되기까지는 자극이나 흥분이 100회 이상, 3개월 정도 지속되어야 하는데, 이것은 사람마다 차이가 있고 연령에 따라 차이가 있을 수 있다. 자극이나 흥분에 의해 뇌세포와 연결되고 축색주변의 수초라는 지방막이 퍼지는데 3개월 정도 걸리기 때문이다.

생각 염력에 대한 확실한 일들을 살펴보면 1969년 '낙엽 따라 가버린 사랑'이란 노래를 부른 가수는 27세에 요절했고, 최근에 세월호 추모곡을 부른 사람은 22세에 요절했으며, 1989년에 돌팔매를 부른 이는 실제로 많은 고통을 받았다. 가수의 성명은 예의상 생략한다.

　인간의 모든 행동은 꿈 꿀 때와 무의식적으로 행동할 때를 제외하면 대부분 행동은 생각을 먼저하고 행동이 생각을 따라가게 된다.

　사람이 가만히 앉아 있어도 수많은 생각들이 일어나고 사라지기를 반복한다. 이러한 작용을 불교에서는 번뇌(煩惱)라고 한다. 불교에서는 번뇌의 종류를 108가지라고 하고 있다.

　인간의 마음은 물질로 존재하지 않는 비물질이며, 공이라고 할 수도 없고 공이 아니라고 할 수도 없다. 인간의 마음이 몸 속에서 나오는 것은 분명하다. 자기의 행동 전에, 또는 행동과 동시에 무의식적으로 마음이 일어나는 현상도 있을 것이다.

　어느 한 의사가 10명에게는 감기약을 처방하고, 다른 10명에게는 밀가루를 감기약이라 속여 처방하여 복용시켰다. 결과적으로 감기약이나 밀가루가 똑같은 효과를 나타냈다. 그래서 "감기약을 먹으면 7일 만에 낫고, 안 먹으면 1주일 만에 낫는다."고 하였다. 신약뿐만 아니라 한약도 같은 이치로 생각된다. 이러한 결과들이 이제는 과학적으로 증명되고 있다. 믿는 마음은 유익한 침을 만들어내고, 의심하는 마음은 해로운 침을 만들어낸다는 연구발표는 변하지 않을 것이다.

　기독교의 성경이나 불교의 경전을 간경(看經 - 글을 보는 것),

사경(寫經 - 글로 쓰는 것), 독경(讀經 - 읽는 것), 청경(聽經 - 말로 듣는 것)을 하지 말라고 하는 것은 아니다. 효율성이 매우 낮다는 것을 이야기하고 있는 것이다. 그러니 그런 수행시간을 줄이고 그 대신 염송수행의 시간을 늘리는 것이 합당할 것이다.

불교의 깨달음이나 기독교의 영성을 바라면 생기염송이 핵심 수행법일 수밖에 없다. 과학적으로 모두 설명되고 있다. 생기염송수행이 인류의 보배인 것은, 자기가 하는 일에 능률이 엄청나게 높아지는 것은 물론이고 건강과 정신이 자연적으로 높아지며 자기 일상생활에 허비되는 시간을 활용하게 되어 행복감이 높아진다.

누구나 자기의 마음이 무엇을 생각하고 있는지 반드시 살펴보아야 한다. 나 자신의 오늘은 천만 번 다시 태어난다 할지라도 똑같은 날이 없다. 불가에서는 과거심(心)도 지나갔으므로 없고, 현재심도 흘러가고 있음으로 '몇 시 몇 분 몇 초' 하고 다른 사람에게 알려 봐야 이미 그 시간은 지나가고 없는 것이다. 그러므로 이 시간을 현재라고 할 수 없는 것이며, 미래심도 오지 않았으니 없다. 이 말은 과거생각이나 미래생각을 걱정하여 마음을 불안하게 생각하지 말라는 뜻일 것이다.

자기의 시간을 지나간 일들에 후회하는데 쓰고, 오지도 않은 미래를 걱정하며, TV의 건강정보나 교양정보 등 유익한 정보는 찾기가 어려운 대신 해롭거나 무익한 프로그램은 넘쳐난다. 이러한 것에 소모하는 시간들은 최대한 줄이고 염송시간을 최대한 늘려서 행복하고 성공된 삶을 살아야 하는 것은 너무도 당연하다 이야기일 것이다.

염송수행에 해로운 음식인 술, 담배, 커피는 하지 않는 것이 좋다. 커피가 해로운 이유는 카페인 성분 때문으로, 몸속에 들어가면 신경을 자극하여 불면증을 일으킨다. 물질에 의한 신경자극은 수행에 방해가 된다.

생기염송선을 실천하여야 하는 이유는 우리들의 삶 속에 탐욕과 고집이 가득 차 있기 때문이다. 이러한 상태를 본인은 모르고 정상인 줄 착각하고 살아간다. 남보다 뛰어나야 하고 타인으로부터 인정받고자 하는 마음이 강할수록 뜻대로 되지 않으면 마음에 큰 상처를 받는다. 이러한 속박으로부터 벗어나려면 생기염송선보다 좋은 방법은 없을 것이다.

염송수행의 목적은 건강, 재물, 행복으로, 이 세 가지를 달성하는 게 목적이다. 본 염송수행은 인종이나 남녀노소 구분없이 누구나 반드시 해야 한다. 이 수행은 해도 되고 안 해도 되는 그런 하열(下劣 - 낮은 것)한 수행이 아니며, 인류 최고의 수행이므로 늦게 할수록 후회가 클 것이다.

종교나 다른 학문을 통해 인간 사상의 알맹이를 알았다고 해도, 적선을 실천하는 마음이 좀처럼 일어나지 않는다. 수많은 성경과 경전이 탄생한 것은 이러한 뜻을 알고 실천을 유도하기 위한 목적일 것이다.

수행을 하는데 가장 중요한 것이 믿음이다. "이것이 참말일까?", "하면 될까?" 이러한 의심을 하면 수행은 제대로 되지 않는다. 또한 종교적 알맹이인 나눔을 실천하여도 건강에는 도움이 되지 못하므로 건강이 좋아지는 염송수행이 반드시 필요하다. 수행 중에 잡생각이 나는 경우가 있는데, 관심을 가질 필요는 전혀 없다. 그냥 내버려두고 열심히 하면 된다.

우리나라 불교 역사의 선 수행을 분석하여 장단점을 살펴보았다. 생기염송선은 모든 선보다 뛰어나고 단점이 없는 것이 특징이다. 스님들도 생기염송선으로 바꾸어야 한다. 단번에 바꾸기 어려우면 생기염송선을 우선으로 하고, 다른 선은 부차적으로 해야 할 것이다.

신도들에게 생기염송선을 하도록 가르치고, 다른 선은 학술적으로 접근하도록 해야 할 것이다. 세계 모든 불교 선 수행은 물론 명상을 하는 사람이나, 무교론자 등 인류 모두가 생기염송선 수행을 실천하여야할 것이다. 본 수행법은 종교나 국적을 떠나 모든 사람들이 건강해지고 능력이 향상되어 행복한 삶을 영위하는데 가장 좋은 방법임이 확실하다. 그러니 모든 인류가 이 수행법을 받아 수행하기를 간절히 바란다.

염송방법

　수행으로 운명을 좋게 하려면 반드시 좋은 목표원력(目標願力)을 정하여 생각하고 염송을 해야 한다. 사람은 누구나 좋은 목표를 세울 수 있다. 직업을 가진 사람들은 그 직업에 대한 일을 잘하게 목표원력을 만들면 된다.

　염송에 들어가기 전에 원력(願力)을 세워야 하며, 성직자(聖職者)는 전법(傳法)의 소원을 세우고 자기자신의 모든 수행이 전법을 하기 위한 수단이라는 걸 이해해야 할 것이다.

　일반인들은 첫째, 자기가 원하는 일 직업 등을 요약하여 원을 세운다. 무기(武器)를 만드는 직업을 가진 사람이라면 "이 무기의 이름을 듣거나 보는 사람 모두가 평화의 마음을 내도록 하여 주시옵소서.", 다른 모든 직업의 원력은 소비자에게 유익한 원력을 세우는 게 좋다. 만약 식당을 하고 있다면 "내가 판매하는 음식을 드시고 건강과 행복이 되도록 하여 주시옵소서."라는 원력을 세우는 것이다. 남을 먼저 생각하는 원력이 효력이 빠르고 크다.

　본 설명은 현대인들의 경우 하단전에 문제가 발생하고 있으며, 하단전에 문제가 발생하면 건강과 정신이 정상적이지 못하다는 것을 먼저 알아야 이해할 수 있다. 기본이 잘못되면 근본이 잘못되고, 근본이 잘못되면 인생 전부가 잘못되는 경우가 많다.

현대인들의 장이 잘못되어 있는 이유는 운동부족과 육식과 과식 때문이다. 소장과 대장 바깥쪽에 기름덩어리가 적당하게 유지되어야 하는데 과다하게 쌓이면서 장의 공간을 좁게 하고 장의 운동을 방해하면서 만병의 원인이 된다.

현재까지 기와 단전 이론들은 생기를 구체적으로 증명하지 못하였으므로 제대로 실행도 하지 못하게 되었다. 본 생기염송수행을 시작하면 기독교의 참다운 영성, 불교의 성불과 깨달음 모두가 여기에 있다는 걸 알게 되고, 염송을 시작하면 이미 이루어지기 시작하게 된다.

자기 인생의 운명을 바꾸는 일임에도 불구하고 대충해도 되는 것으로 착각하면 안 될 것이다. 수행을 시작하기 전에 주문진언(主文眞言 - 자기에게 잘 맞는 참다운 단어)을 정해야 하는데, 주문은 평생 불러야하므로 신중하게 결정하고, 한 번 정한 주문을 바꾸는 일이 없도록 해야 한다. 이것은 자기의 뇌에 입력되어 작용하기 때문에 자주 바꾸면 뇌에 혼란을 일으킬 가능성이 있다. 아래 기록된 진언(眞言) 중 한 가지를 선택하는 게 좋다. 한 평생 불러도 후회 없는 진언들이다.

천주교나 기독교를 믿는 사람들은 "주 예수님" 또는 "하나님", 유교는 "선견지명(先見智明)", "지혜광명(智慧光明)" 중 하나를 선택하고, 불교는 "석가모니불" 또는 "관세음보살" 중 하나를 선택하면 될 것이다.

위의 염송글자는 진언(眞言)이라고 해도 될 것이다. 참다운 말이 진언이므로 여타 종교나 무교인 사람의 진언이 될 수 있다.

아침에 일어나면 반드시 종교인들은 교주의 이름을 부르고 예배나 수행준비를 해야 한다. 침구를 정리하고 세수를 한 뒤 불교와 무교(無敎)는 108배 절을 하는데, 방석을 준비하여 무릎에 오는 충격이 적도록 해야 하며 처음시작은 자기에게 알맞는 수의 절을 10분 정도 하면 될 것이다.

기독교 분이라면 절 대신 가벼운 체조를 10분 정도 하고 염송을 하는 것이 좋다. 자고 일어나면 기(氣)의 순환이 쉬고 있는 상태인데, 이 활동을 통해 기 순환을 열어주는 것이다. 아침 수행이 다른 시간보다 효율이 높다. 공복(空腹)에 하면 혈액순환이 잘되어 생기가 왕성하게 발생한다.

생기염송은 소장(小腸) 단전운동의 유일한 방법이다. 소장이 존재하는 곳이 사람의 신체한 가운데 위치하고 있으며, 소장은 주먹처럼 원형으로 되어 있으므로 외부에서 충격을 주지 못하고 오직 아랫배 호흡으로만 자극이 가능하기 때문이다. 동시에 소장 주위의 근육을 자극하여 운동을 하게 하고 면역력이 매우 향상되므로 1석 3조의 효과가 있다.

염송수행을 할 때 수행환경을 까다롭게 정하지 말아야 한다. 즉 가족이 설거지를 하는 소리, 아이들이 장난 치는 소리 등 사소한 것을 까다롭게 피하지 말아야 한다. 이러한 잡음을 수용하는 능력을 길러야 참다운 수행자가 될 수 있다. 또한 염송의 소리가 남에게 피해가 되는 경우에는 소리를 마음 속으로 부르며 수행해도 된다. 또한 "나는 술과 담배를 하기 때문에 수행을 해도 효과가 없을 것이다."라고 생각할 수 있는데, 이것은 잘못된 생각이다. 오히려 수행을 하면 효과가 더욱 큰 것이, 자기의 모든 약점이 치료되기 때문이다. 그러니 더욱 적극적으로 해야 한다.

방석을 준비하여 엉덩이가 닿는 부분은 3~5㎝ 정도로 높게 하고 양 다리가 닿는 쪽은 낮게 한다. 이를 정좌(正坐)라고 하는데, 바로 앉는다는 것은 허리를 똑바로 세우고 고개도 바로 세워야 함을 의미한다.

생기염송수행 첫째, 아랫배를 바깥쪽으로 힘을 주어 아랫배가 밖으로 나오도록 자기가 정한, 예를 들어 지혜광명 소리를 한 번 부르고, 다음은 아랫배가 자연스럽게 등 쪽으로 최대한 들어가도록 숨을 내쉬면서 지혜광명 소리를 부른다. 들이쉬는 숨도 너무 급하게 하지 말고 보통으로 크게 들이마신다. 다시 부를 때도 같은 방법으로 반복하여 부르면 된다.

숨을 들이쉬고 첫 번째 부르는 소리를 아랫배가 밖으로 나가도록 한 번 부르고, 아랫배가 반대로 등 쪽으로 최대한 들어가도록 하면서 부르라고 하는 이유는 수행을 해보면 알 수 있을 것이다.

본 수행을 하면 깊은 단잠을 자게되고, 잠자는 시간이 보통 10~20% 줄어들게 되어 수행시간이 저절로 생겨난다. 처음부터 무리하게 시간을 많이 투자하려고 하지 말고 자기에게 적당한 시간을 사용해 열심히 하면 된다. 물론 많이 할수록 좋다.

숨이 밖으로 나갈 때 허리가 앞으로 기우는 경우가 많은데, 허리가 앞으로 기울면 생기가 감소된다. 팔을 곧게 하여 손은 반 주먹을 쥐고 팔을 구부리지 않은 채 직선으로 뻗어 무릎 위에 놓으면 허리가 구부러지는 것을 방지할 수 있다.

이 수행을 하면 혈액순환이 잘되어 뇌의 기능도 높아진다. 진언을 부르는 소리의 크기는 너무 높거나 낮아도 안 된다. 그저 자기 귀에 가장 예쁘게 들리는 소리로 부르면 된다. 여러 번 들어보면 좋은 소리가 나오고, 그것을 스스로 알아차리게 된다. 한 번 숨 쉬면서 부르는 회수는 관세음보살 5자의 경우

보통 11~13번으로, 시간은 20~25초 정도 소비된다.

간혹 수행을 열심히 하면 수행에 힘이 붙어 시간 가는 줄 모르고 너무 오래 지속하는 경우가 있는데, 이렇게 하면 하체에 무리가 생길 수 있으므로 1회에 1시간 반 정도를 추천한다. 또한 좌선을 하면 10분 정도는 일어나서 전신을 풀어주는 운동을 해야 한다. 전신을 풀어주는 운동방법은 절로, 전신운동에 많은 도움이 된다. 절 1회 하는데 약 13초가 걸리므로 10분이면 약 50회 정도 하면 된다.

우리들이 일상생활을 하면서 자기 일에 몰입(沒入)하는 시간은 매우 적다. 몰입되지 않는 시간에는 여러 가지 생각이 일어나고 사라지고를 반복한다. 이러한 시간을 생기염송으로 채우면 금상첨화의 시간이 될 것이다. 농사를 지을 때 밭에 곡식을 심고 잡초를 자주 뽑아 주면 잡초가 자라지 못하는 것과 같은 것이다.

수행을 처음 시작하는 사람들에게 간혹 수행을 열심히 하다 보면 감정이 북받쳐 오르면서 눈물이 왈칵 솟아지는 현상이 나타날 때가 있는데, 이러한 현상은 자기 마음이 정화되면서 일어나는 것으로 아무 염려할 필요가 없다. 오히려 더욱 열심히 하면 좋은 결과가 빨리 성취된다.

수행에도 질과 양이 있다. 아무리 좋은 수행방법이라도 형식적으로 하루에 한두 번 짧은 시간해서는 효과가 없다. 하루 이틀 해서 되는 것이 아니기 때문에, 좌선을 아침·저녁 합하여 3시간 이상 부르고 나머지 시간에도 최대한 불러야 한다. 이때 수행의 강도를 잘 조절하여야 하는 것이, 마른 나무를 마찰시켜 불을 얻으려면 마찰의 강도와 마찰의 회수가 적당해야 불이 일어나는 것과 같다. 강도가 너무 강해도, 회수가 너무 적어도 불을 얻을 수 없는 것처럼 수행도 너무 지나치면 자기 일에 지장을 초래하고 가정에 불화가 생길 수 있는 것이다. 그러나 대부분은 수행을 적게 하여 효과가 미약할 것이다.

인성(人性), 즉 업(業)에 따라 한번만 생각하여도 많은 이익이 되는 사람이 있고, 오래 수행하여도 효과가 적은 사람이 있다. 효과가 적은 사람은 업이 많아서 그렇다. 이러한 사람들은 수행시간을 늘리고 강도 높은 수행을 해야 할 것이다. 그렇다고 포기해서는 절대로 안 된다. 자신의 운명을 좋게 하는 방법은 이 길밖에 없기 때문에, 무슨 일이 있더라도 해야만 한다.

종교를 떠나 모든 사람들이 생기염송수행(修行)을 반드시 해야 하는 이유는, 현재의 잘못된 악업을 좋은 업으로 바꾸지 않으면 인간의 불행이 점점 커지고 사회는 불안해질 것이며 불안한 사회 상황으로 인해 전쟁까지 벌어질 수 있기 때문이다. 만약 전쟁이 발발하면 인류의 종말을 초래할 수도 있다.

현재 인류는 일반 무기와 핵무기를 통해 세계를 수십 번 멸망시킬 수 있으며, 지금도 많은 핵무기를 만들고 있다.

나쁜 유전자를 좋은 유전자로 바꾸지 않으면 적선을 할 수 없다. 유전자를 바꾸는 것에는 다른 방법이 없다. 오직 진리를 알고 수행하는 것에 있다. 그 때문에 염송을 해야 할 것이다. 특히 수행을 부지런히 하는데 간혹 좋지 않는 일이 일어나는 경우가 있는데, 이러한 사람은 조상들이 알고 지은 악업이나 모르고 지은 악업을 많이 타고난 사람들이다. 이러한 사람은 수행을 더욱 철저히 해야 하고, 수행을 하면 반드시 좋은 일이 지속될 것이다.

건강한 부모로부터 건강한 자녀가 태어나는 것은 자연의 이치일 것이다. 자녀를 임신하기 전에 부모의 건강과 생각이 자녀의 성공과 실패에 직결되어 있다. 최소한 임신 1년 전부터라도 술과 담배, 커피, 가공식품, 당분과다 섭취를 주의해야 할 것이다.

특별한 신체에 이상이 없는 사람은 건강식품도 함부로 섭취하면 안 된다. 태아에 해로울 수 있기 때문이다. 태아는 영양과잉과 운동부족으로 너무 커도 안 되고 너무 작아도 좋지 못하다. 적당한 크기로 태어나게 관리를 해야 한다. 임신을 하게 되면 운동이 싫어져 운동부족이 되고, 그 때문에 태아가 과체중인 상태로 태어난다. 현대는 의술이 좋아서 그런 아이들도 태어나는데 문제가 없지만, 얼마 전만 해도 태아가 너무 커서 출산을 못하여 산모가 죽는 경우가 많았다.

생기염송은 산모의 운동에 가장 적합하다. 첫째, 운동에 무리가 없다. 염송을 많이 해도 태아에게는 도움만 된다. 과학이 발달하면서 동물에게 유익한 음악을 들려주면 동물 성장에 도움이 되는 것이 밝혀져 이러한 방법이 많이 활용되고 있다. 태아에게도 태교 음악이 활용되어 임산부가 태교 음악을 듣는 경우가 있다. 임산부는 기구를 이용하여 음악을 듣는다. 하지만 생기염송은 임산부가 직접 부르므로 태아가 부르는 것과 비슷한 원리로 작용한다. 부르는 음파의 내용도 세상에서 가장 좋은 지혜광명 등 자기에게 적합한 진리의 소리이므로, 태아의 심성이 좋은 심성이 되는 것은 의심할 여지가 없는 것이다. 부모도 좋아지고 태아도 좋아지는 간단한 생기염송보다 더 보배로운 일은 없을 것이다.

자기의 일상 업무를 하면서 열심히 수행하면 업무능력도 향상되고 건강과 운명이 좋아지는 것은 의심할 여지가 없는 것이다. 특히 현대인들은 운동이 부족하고 육식과 과식을 많이 하여 영양과다로 비만 체질이 많다. 이런 이들에겐 생기염송이 적합하다.

이 설명을 반복하는 이유는 매우 중요하기 때문이다. 염송을 할 때 하복부(下腹部 - 아랫배)가 등 쪽으로 최대한 들어가도록 불러야 단전 속에 위치한 소장이 움직인다. 소장이 움직여야 소장 속 음식물이 발효되는데 도움을 주고, 도움을 받은 소장은 생기(生氣)를 발산하여 동맥을 통하여 전신에 보낸다. 이 생기는 두뇌에도 작용하여 능력(깨달음)이 향상되고 질병이 치료된다.

특히 수행에 효과가 큰 것은 좌선하여 염송하는 것으로, 다리로 향하는 혈액량이 줄어들고 상체로 향하는 혈액량이 늘어나면서 두뇌의 혈액량도 늘어나 뇌 파동을 높여 수행 효과가 높아진다. 그러니 가능한 좌선을 많이 하려고 노력을 기울여야 할 것이다. 수행은 행주좌와(行住坐臥)로, 길을 걸어갈 때나 머물러 있을 때나 앉아 있을 때나 누워 있을 때나 반복염송(念誦)을 생각하고 불러야 한다. 걸어갈 때나 다른 간단한 일을 할 때에 염송을 하면 아랫배가 등 쪽으로 가는 힘이 약하여 염송에 효과가 적다. 그러나 안하는 것보다는 이익이 많다.

생기염송수행도 모여서 하면 교리를 많이 아는 사람에게 배울 수 있고. 함께 수행하면 효능도 덩달아 높아진다. 실제로 해보면 여러 사람들이 한꺼번에 똑같은 진언소리를 부르면 자기도 모르게 그 소리에 파묻힌다. 어떤 때는 본인의 힘이 약해지고 졸음이 와서 부르지 못해도 옆 사람이 불러주는 소리에 감화되어 자연으로 수행이 되는 경우도 많다.

수행은 특정 장소나 종교시설에서만 하는 것이 아니다. 자신의 일상생활 속에서 수행을 하는 방법으로 변하지 않으면 안될 것이다. 이유는 위의 설명처럼 악업이 많이 쌓여 종교시설에서만 수행해서는 효과를 볼 수 없는 사람이 대부분이기 때문이다.

불교에는 부처님, 관세음보살, 지장보살 등 여러 진언(眞言)이 있다. 그중에도 세계에서 가장 많이 부르는 진언이 관세음보살(觀世音菩薩)이다. 관세음보살의 뜻은 세상의 소리를 듣고 보고 진리의 지혜가 충만한 사람이다.

현재 우리나라의 스님들이나 신도들은 대부분 간화선 '이뭣고'를 수행하고 있다. 일부 사찰에서 관세음보살을 부르고 있는데, 우리나라 불교종단 중에서 신도가 두 번째 많은 2백 5십만 천태종은 스님들도 신도들과 같이 관세음보살만 부른다.

자기의 마음이 교만이나 탐욕으로 일어나 행동을 실천하면서도 자기는 교만하지도 않고 탐욕스럽지도 않다고 생각하는 경우가 대부분이다. 교만과 탐욕을 분별하는 힘은 진리의 기도 명상 등으로, 깊은 반성이 있어야 바꿀 수 있을 것이다.

지금까지 염송수행을 하면서 생기가 무엇인지, 어떻게 작용하는지 모른 채 수행했다 하더라도, 단전에 극히 미세한 생기가 작용을 했을 것이다. 그런데 이 작용을 통해 질병이 치료되는 것도 몰랐다는 게 문제다. 일부 사람들이 기도하여 질병이 치료되면 그저 기도 덕분이고, 그 기도처가 영험이 있다고 소문만 나고는 하였다.

천태종 종파인 충북 단양군 영춘면 백자리 구인사 본사에는 전국에서 신도들이 모여드는데, 많을 때는 남자 기도실 한 칸에 약 2~3백 명, 적을 때는 절반 정도다. 여자 신도를 위한 기도실이 별도로 존재하며 남자 신도들보다 배정도 많다.

신도 들이 밤낮으로 기도에 집중하면 하루에 낮 6시간, 밤 6시간 총 12시간을 정좌하여 관세음보살만 계속 부르게 한다. 눕거나 졸지 못하게 스님이 감시를 하는데, 죽비(竹篦 - 마른 대나무를 중간에 쪼개 물체에 닿으면 소리가 난다.)로 잠을 깨운다. 기도하면 마음이 편안해진다. 대부분의 신도들이 본사 기도실에서 거주하는 기간은 4박 5일로 되어 있고, 자기의 형편에 따라 날짜를 단축하거나 늘릴 수 있다.
이 기도실에서의 생활이 행복의 첫 단계일 것이다.

허나 천태종이나 다른 종단의 불자들 대부분은 아랫배로 염송을 부르지 않고 가슴으로 염송을 부르므로 단전호흡이 안 된다. 별 것 아닌 차이인 것 같으나 실제로는 엄청난 차이가 있다. 단전호흡은 오장육부를 튼튼하게 하므로 질병 치료 및 예방에 도움이 되며, 기(氣)가 살아나 깨달음에 중요한 역할을 할 것이다.

염송수행은 소리로 진언을 불러야하기 때문에 주위 사람에게 피해가 없도록 배려를 해야 하며, 옆에 사람이 있으면 속으로 부르고, 주위에 사람이 있으면 소리를 낮춰 불러야 할 것이다. 항상 기도하는 마음 상태가 중요한 것이다. 이렇게 하면 좋은 생각은 자라나고 나쁜 생각은 뇌에 들어올 공간이 없어진다.

복은 결코 기도에 응해 신이 내려주는 것이 아니라는 게 합리적 이론으로 성립되고 있다. 복은 반드시 작복(作福 - 복을 만듦)해야 하며, 그를 위한 자력이 필요하다. 지금도 종교 교단에서 평화적 남북통일을 염원하고 있다. 벌써 60년 이상 빌고 빌었다. 하지만 그 결과는 허무함뿐이다. 물론 빌지 않는 것보다는 좋다고 할 수 있는 것이, 비는 마음이 좋은 마음이기 때문일 것이다. 모든 일들은 현명한 노력과 때가 와야 이루어지는 것이다.

불교에서는 수행하여 깨달음을 얻는다고 하는데, 스님들 중에서도 깨달음을 얻은 스님이 극소수일 것이다. 이런 상황에서 일반 신도들은 깨달음을 기대하기 어렵다. 일반인들은 깨달음을 능력 향상으로 생각하는 것이 적합할 것이며, 수행을 열심히 하면 능력 향상에 많은 도움이 될 것이라 기대하는 게 좋을 것이다.

탐욕과 교만의 마음에서 사랑과 적선의 마음으로 바꾸는 것인데, 이것은 인간의 근본이기 때문에 누구나 해야 할 것이다. 일시적인 마음이 아니라 지속적이고 진실한 마음으로 남을 도와주는 것이 저절로, 망설임 없이 일어나는 간곡한 마음이어야 할 것이다.

인간을 흔히 "만물의 영장이다."라고 칭하는 것은 생각이 다른 동물보다 뛰어나기 때문이다. 뛰어난 생각으로도 자기의 앞날을 명확하게 아는 사람은 극소수의 수행자 정도뿐이고, 일반인들 중에는 없다고 보아야 한다. 앞날을 모르면 불안한 심리가 작용할 것이다. 불안한 심리를 극복하기 위해 수행을 하는 것은 올바른 일이다.

인간은 불안한 심리를 가지고 있을 때 위대한 사람에게 의지하려고 하는 심리를 가진다. 이처럼 수행을 할 때 종교에 의지하는 것은 수행효과를 높이기 위한 것이다. 그러므로 종교를 믿고 수행하는 방법이 유리하다.

9

생기염송수행
질병치료 및
예방된다

사람들은 질병이 없으면 건강에 대해서는 교만해진다. 건강에 좋은 정보를 얻어 실천하여 질병을 예방하거나 치료하여 건강하게 살아가면서도 그 정보에 감사하는 사람은 없을 것이다. 깊이 생각해 보면 우리 사회 공동체의 모두가 감사의 대상이다. 이러한 감사는 깊은 반성에서 나오는 것이다. 반성하지 않으면 이 공부도 할 필요가 없을 것이다.

성인병 중에서도 중풍과 치매가 가장 무서운 것은, 한 번 발생하면 완치가 불가능하고 고통 속에 살아가는 시간이 길기 때문이다. 이 병은 예방이 반드시 필요하다. 건강하다고 교만하지 말고 겸손한 마음으로 자기관리를 해야 한다. 건강정보가 넘치는 시대이니만큼 마음만 먹으면 얼마든지 쉽게 예방할 수 있다.

치매 치료에는 생기염송이 확실히 효과가 크다. 예방법에는 간단한 목 운동, 목 돌리기, 좌우로 흔들기, 앞으로 숙이고 뒤로 넘기기 등 운동을 열심히 하면 중풍과 치매예방에 효과가 있다. 두뇌에 공급되는 혈액은 목을 통하여 순환하기 때문에, 이런 식으로 순환 통로를 열어주는 것이야말로 과학적인 방법이다.

생기염송을 하기 전 종합 혈액검사 기록표에 나타나는 수치들과, 염송수행을 1~2개월 정도 하고 난 후에 나온 수치들을 비교해보면 좋은 쪽으로 달라지는 항목이 많다. 특히 당뇨, 고혈압, 고지혈, 콜레스테롤 등의 항목이 좋은 쪽으로 한꺼번에 달라진다. 약을 복용하여 달라지는 것은 부작용이 있고, 복용을 중단하면 짧은 기간에 다시 수치가 올라가지만 염송수행으로 달라진 것은 긴 기간 동안 유지된다.

질병치료설명

1. 당뇨병 : 당뇨병은 혈액 속에 당분이 많은 병이다. 가장 큰 원인은 과식과 당분이 많은 음식 섭취다. 음식을 당뇨병이 생길 정도로 섭취한다 하여도 소장운동과 침을 삼키는 생

기염송수행을 하면 위협적이지 않다. 이처럼 생기염송수행이 당뇨병에 특효가 있는 것은 확실하다.

> 당뇨병 실험내용
> 나이 73세 남자 병력 7년 당뇨신약 1일 1알 공복 145 식후 2시간 1900이며 3년간 가슴의 소리로 염송을 같은 시간 하여도 몸무게나 당뇨 수치가 변화가 없었다. 생기염송 1개월 후 공복 130 식후 2시간 167 감소되는 것으로 나타났다.

2. 위장병 : 위장병 치료가 어려운 것이 신약이나 한약을 복용해도 위장병의 원인을 근본적으로 치료할 수 없기 때문이다. 어디까지나 임시적인 것으로, 위장병이 치료되는 느낌이 들어 장기 복용하거나 단기 복용한다. 하지만 본 염송은 아랫배 운동으로 위장의 운동도 함께 되고, 기 순환도 함께 되기에 위장을 근본적으로 치료한다. 그래서 재발이 없다.

3. 소화불량 : 위장운동과 소장, 대장운동이 되면서 소화불량이 확실하게 치료 및 예방이 된다.

4. 불면증 : 염송수행 자체가 불면증 시간을 줄여주기 때문에 치료는 덤으로 얻는다는 느낌이지만 이보다 확실한 치료 및 예방이 없다.
   불면증은 심각한 질병이다. 중년을 넘어서면 대부분의 사람들이 불면증에 시달리고, 불면증이 계속 이어지면 우울증을 동반하므로 인생에 괴로움이 증가하여 삶에 허무함을 느끼게 된다.

5. 두통 : 본 수행을 통해 두통이 치료되는 것은, 생기가 발생

하면서 뇌신경이 회복되기 때문이다. 근본적으로 치료가 되므로, 임시적으로 통증을 진정시키는 진통제성분과는 비교할 수 없는 좋은 치료법이다.

6. 눈병 : 백내장, 녹내장 등 각종 눈병이 치료되는 것은 수행 중 눈을 지그시 감기 때문이다. 눈을 감으면 눈이 쉬게 되고, 단전에 힘을 주어 수행하면 눈의 압력이 높아지고 낮아지는 운동을 지속하게 된다. 그 결과 눈 혈액순환이 잘 되어 치료가 된다.

7. 고혈압 : 신약을 복용하는 사람이라면 신약을 조금씩 줄이면서 혈압이 안정되면 신약 복용을 중단하여도 될 것이다. 대사증후군을 비롯한 수많은 질병을 치료하는데 수행을 활용하면 많은 효과가 나타날 것이다.

8. 허리통증 : 횡격막은 흉강과 복강을 나누는 근육막으로 포유류에게만 있다. 가로막(횡격막)은 호흡근에서 가장 중요한 근육으로 둥근 지붕처럼 생겼으며, 원형의 중앙 부위는 나뭇잎 3개를 붙여 놓은 모양의 힘줄로 이루어져 있다. 바로 여기에 허리뼈, 복장뼈 및 갈비뼈에서 시작한 근육섬유들이 붙어 있다.

횡격막 운동은 허리통증이 치료되는 원인으로 작용한다. 무거운 것을 들어올릴 때 아랫배에 힘을 주면 횡격막 운동이 되는데, 특별한 직업을 가진 사람이거나 특별한 운동을 하는 사람들이 아니라면 이 운동을 하는 방법은 호흡법이 유일하다.

하지만 보통 호흡으로는 횡격막 운동이 되지 않는다. 가장 효과적인 횡격막 운동은 숨을 크게 들이쉬는 생기염송으로, 이 수행이야말로 횡경막 운동에 가장 적합하다.

염송기도 사례

염송기도의 효과는 언론에 나올 정도다. 천태종 금강신문이나 관문법보 등에 이 수행법을 통해 질병을 고쳤다는 기사가 종종 나온다. 필자는 이러한 기사가 있다는 사실을 전하고자 하는 것이 아니라, 직접 체험한 일이 너무도 신기하고 독자들에게 도움이 될 것 같아 몇 자 적어보고자 한다.

필자는 1944년생이며 72세 되던 해에 갑자기 불면증이 나타나기 시작해 당황하게 되었다. 불면증에 좋다는 한약재인 산조인, 천궁, 길초근 등을 복용하여도 효과가 없어 신약을 복용하기로 하였다. 거주지 근처에 전국에서 알아주는 병원이 많다. 여러 병원을 다니면서 진찰하고 약을 복용하는데 효과가 나타나지 않아서 약을 중단했다. 그 대신 밤 11시 정도에 작은 병맥주를 1병씩 마시고 자기 시작했다. 처음에는 수면이 되는 듯했으나, 5개월 지나면서 술의 양이 두 배로 늘어났음에도 잠을 제대로 잘 수 없는 현상이 생겼다. 불면증이 심해지면 우울증을 동반하는데, 그것은 참으로 견디기가 어려웠다.

견디다 못해 생각해 낸 것이 2~3년에 한두 번 구인사 본사에서 기도하던 것이었다. 그래서 서울에서 충북 단양으로 가게 되었다. 4박 5일을 예약하고 기도 규칙에 따라 하루 12시간 기도를 하는데, 오전 3시간, 오후 3시간, 저녁 9시 30분부터 새벽 3시 30분까지였다. 이중 저녁기도염송 시간이 불면증 시간과 겹치기 때문에 자연스럽게 불면증이 완화되기 시작했다. 새벽 3시 30분까지는 잠을 자서는 안 되며, 혹여 졸음에 질 것 같으면 담당 스님이 죽비로 깨우기에 잠을 자지 못한다. 절의 식사는 잘 아시는대로 우거지 된장에 김치, 감자조림 등을 플라스틱 식판에 담아 먹는다. 젓가락은 없고 스푼 1개에 4~5백 명이 한꺼번에 식사를 한다.

간식은 있을 수도 없고, 상가는 절 밖으로 나가 20분 이상 가야 한다. 간식을 찾을 이유도 없었던 것이, 이 먼 곳까지 와서 수행을 하고 있다는 생각을 하니 배가 고파도 간식의 유혹을 참을 수 있었다. 이전에는 가슴으로 불렀던 관세음보살을 아랫배로 부르며 열심히 수행하니 불면증이 차츰 치료되는 느낌이 났다. 마지막 날 새벽 3시. 눈을 감고 앉아서 염송을 하는데 코에서 노란물이 옷자락에 떨어지는 형상이 떠올라 깜짝 놀라 옷을 만지는데 아무 이상이 없었다.

집에 돌아와서도 수행을 열심히 하고 있다. 그 덕분인지 지금은 약이나 술을 전혀 먹지 않음에도 잠을 잘 자고 있다. 벌써 1년 넘게 정상적인 생활을 하고 있다. 이 치료는 기의 순환이 뇌를 자극하여 정상적인 뇌기능을 회복시킨 것이라 볼 수 있을 것이다.

혹시라도 이 책과 인연이 닿는 사람 중 어려운 질병에 고통을 받고 있는 분이 계시다면, 돈도 들지 않고, 멀리 갈 이유도 없고, 오직 성의만 있으면 할 수 있는 생기염송 수행을 권해 드리고 싶다.

10

수행으로
운명이
좋아진다

인간에게는 삶의 지혜(智慧)가 반드시 필요하다. 지혜는 사물의 이치를 빨리 깨닫고 사물을 정확하게 처리하는 능력으로 표현된다. 이러한 지혜가 있어야 삶에 도움이 될 것이다. 그러나 지혜 중 가장 중요한 지혜가 바로 자기 삶의 만족을 증가시키는 건강과 진리를 아는 지혜이다. 즉 자신을 바로보고 진리를 올바로 알아차리는 것이 제일 중요하다는 것이다.

진리를 알아도 수행이 없으면 결과가 없다. 가장 올바른 수행은 건강과 생각이 한꺼번에 좋아지는 생기염송 수행으로, 이것이야말로 세상에 가장 뛰어난 수행이다.

우리는 흔히 복이 많다고 한다. 복은 삶에서 누리는 좋고 만족할만 한 행운을 말한다. 복은 소모(消耗 - 소비되는 것)된다. 복이 아무리 많아도 교만으로 과소비하면 공복(쏜福)이 될 것이다.

공덕(功德)은 타인을 위하여 진리를 가르쳐주고, 타인에게 자기 재물 중 적당한 량을 꾸준히 나누어주고, 노력으로 타인을 도와주는 것을 말한다. 일종의 적선(積善)으로 볼 수 있는데, 이러한 적선을 해야 소모되는 복을 다시 채울 수 있다. 공덕은 저축성 복인 것이다. 수천가지 영험한 기도가 있다는 말에 절대로 속아서는 안 될 것이다.

인간은 누구나 좋든 싫든 남과 연결된 채 살아야 한다. 그리고 비교우위(比較優位)를 선택하여 살아갈 수밖에 없다. 우리들는 모든 행동을 하기 전에 생각이 먼저 일어나고, 그 생각을 통해 비교우위를 선택한다. 사람들은 매일 음식을 먹을 때도 '무엇을 먹을까?'라며 비교우위를 정하려 한다. 모든 일에도 "이 방법보다 저 방법이 좋을 것이다.", "이것보다 저것이 좋다." 라는 생각을 한 뒤 결정하고 행동하며, 만약 행동을 하지 않더라도 마음 속 비교우위는 결정되어 뇌에 입력될 것이다.

우리는 이 비교우위를 정하는 걸 습관화한 채로 살아가는데, 이것을 잘못 적용하면 실패를 하게 되고 불행이 찾아온다. '나의 것은 작고 남의 것은 많다.'로 비교하면 안 된다. 부부관계에서 내 짝보다 다른 사람의 짝이 잘나고 능력도 월등하다는 식으로 비교하거나, 부모자식 간에 '우리 부모는 다른 부모보다 못하다.'라는 식의 비교를 해서는 안 될 것이다.

이러한 사람들은 진리라는 말을 들어본 적도, 인격이 무엇인지도 모르는 사람이며, 반성도 없고, 교만하고, 무식하다. 이러한 경우에는 죽기를 각오하고 생기염송에 매달려 반성의 눈물을 강물처럼 흘려야 새로운 사람이 되어 성공할 수 있다.

현재 우리 사회의 모든 사람들은 돈과 명예를 얻고자 피나는 노력을 하고 살아간다. 돈과 명예가 나쁜 것은 아니다. 인간은 가급적 부귀영화를 누리는 것이 좋다. 다만 부귀영화에 도달하는 과정과 부귀영화를 추구하게 된 원인이 좋아야 하는 것이다. 잘못된 욕망에만 치우치면 남을 해치면서 자기의 이익을 탐하게 되는 것이다.

잘못된 과정을 거친 성공은 반드시 망한다. 이것은 만고에 진리이다.

비교우위 선택은 양면의 칼날과 같다. 잘못 선택하면 악업(惡業)이 되고, 잘 선택하면 선업(善業)이 될 것이다. 인과관계에도 앞의 설명과 같이 선택해서는 안 되는 악업이 있다. 반대로 남을 존중하고 하심(下心)을 유지하며 겸손한 이는 나보다 능력이 좋은 친구를 보며 스스로의 능력과 인격을 높여야겠다는 마음을 가질 것이며, 이것은 반드시 선업이 될 것이다.

우리 사회에 성공이 많은 것 같지만 결코 그렇지 않다. 실패는 뒤안길로 사라지고 성공은 면전에 드러나는 것은 자연적인 현상이다. 전기를 발명한 에디슨의 성공 뒤에는 수많은 실패가 있었다. 현재 사회의 상업 활동에서도 성공보다 실패가 엄청나게 많을 것이다. 또한 상업에 성공하여도 건강에 실패한 사람이 많아서, 진정으로 성공한 자는 극소수에 불과할 것이다.

사회가 발전하면서 어릴 때부터 남과 경쟁하는 생활방식으로 바뀌었다. 그 탓에 순박한 본성은 작아졌고, 그 작은 본성마저 욕심으로 가려져 버렸다.

성인이 되어 자기의지로 결정하고 실행하는 과정을 통해 실패와 성공이 결정되는 것이다. 실패는 자기의 본성이 아니라 착각 때문에 발생한다. 착각을 착각인지 모르고 행동한 결과 실패하는 것이다. 이때 착각을 착각인지 알 수 있도록 해주는 것이 생기염송 수행법이다.

우리나라에 성형외과 수가 늘어남과 동시에 사이비 의사들이 수술을 잘못하여 사람을 다치게 하는 경우도 늘고 있다. 특히 얼굴을 고치면 운명이 좋아진다는 소문을 퍼뜨려 영업수익을 늘리고 있다. 동양의 사주관상학 서적을 보면 '신체에 칼자국을 남기게 되는 해는 운명이 나쁜 해이다.'라고 설명되어 있다.

그런데 많은 사람들이 얼굴에 칼을 사용하여 수술하고 있는 것이다. 이것은 분명히 운명이 나빠지게 만드는 원인이다. 또한 보톡스 주사로 얼굴을 고치는데, 보톡스는 이물질(異物質)이다. 오래가면 반드시 부작용이 나타난다. 신체를 함부로 변형시키면 악운이 따라오기 마련이다.

염송수행을 열심히 하면 반드시 자기가 원하는 일을 성취하게 된다. 또한 1차적인 성공에 안주(安住)하지 말고, 다시 새로운 목표를 세워서 전진해야 할 것이다. '나는 이것밖에 안 돼.' 하는 나약한 생각은 절대로 하지 말아야 한다. 진리를 계속 염송하면 모든 것이 이루어지는 생각만 떠오르게 되고, 실패할 것이란 생각은 나타나지 않는다.

염송수행을 열심히 하면 자기 마음에 변화가 일어나기 시작한다. 자신이 자연에 의지하여 존재한다는 감사의 마음이 일어나고, 타인에게도 감사하는 마음이 일어난다. 이것은 남이 없으면 자신도 존재할 수 없다는 진리를 깨달음으로 인해 일어나는 현상들이다.

'수행을 하면 우리들에게 도움이 될까?' 하고 의심하는 사람이 있을 것이다. 종교를 떠나, 모든 수행은 마음의 안정과 몸 건강에 도움이 된다. 그러나 같은 시간을 투자해도 많은 도움이 되느냐, 적은 도움이 되느냐의 차이는 분명히 존재한다. 누구나 많은 도움이 되는 방법을 실행해야 한다는 것은 말할 나위가 없다.

자기의 잘못된 마음을 바꾸어 염송수행을 시작하겠다고 결정하면 이미 좋은 운명이 시작된 것이다. 자비의 마음으로 염송을 하면, 염송하는 시간이 곧 행복한 시간이다. 특히 집중하여 삼매(三昧 - 몰입하여 시간가는 줄 모름)에 들면 더욱 행복해질 것이다. 옛 속담에 '신선(神仙) 놀음에 도끼자루 썩는 줄 모른다.'라는 것이 있다. 도끼자루는 단단하여 잘 썩지 않는다. 그러므로 이 속담은 느끼지 못하는 사이에 시간이 많이 지나갔다는 뜻일 것이다.

인간은 복(福)과 운명을 자기의 의지와 노력으로 바꿀 수 있다. 그렇기에 인간은 성공한 삶을 살 수도 있고, 실패한 삶을 살 수도 있다. 사회생활제도가 성공적으로 정착하면 여러 사람에게 이익이 되는 경우가 많고, 반대로 실패하면 여러 사람에게 피해를 주게 되는 경우가 많다. 이때 피해를 주면 나쁜 업이 되고 이익을 주면 좋은 업이 된다.

인간은 본래 성공과 행복 속에서 태어난다. 여성의 난자와 남성의 정자가 만나는데, 남성의 정자 수는 약 3억 개로, 그 중 하나가 여성의 난자와 만나 자녀가 태어난다. 3억 대 1의 경쟁을 뚫은 승리자로서 태어났으며, 그후 성인이 될 때까지는 실패하는 일 없이 성장만 한다고 할 수 있다. 간혹 입시나 입사 시험에 떨어지는 경우가 있으나, 이것은 실패가 아니고 성장과정의 한 부분이다.

진리는 변하지 않는다. 세상의 이치를 보면 지구상에 살아 있는 존재는 원인과 결과로 구성되어 있으며, 사람도 원인과 결과로서 살아간다. 우리들의 행동을 살펴보면 선인선과 악인악과(善因善果 惡因惡果)에 귀결되며, 결국 인과에 따라 살아 간다.

수행을 하면 복이 찾아오고 성공하는 것은 너무나 당연하 다. 이는 대부분 과학적으로 설명되고 있다.

염송수행을 많이 하면 좋은 DNA가 많아지지만, 반대로 수 행을 하지 않고 교만해져서 적악이 많아지면 자식들이 불구 로 태어날 확률이 높아질 것이다. 가정에서 부모가 염송수행 을 하면 자녀들 교육에 모범이 되고, 자녀는 자라서 성공할 것 이다. 행복한 가정을 이루기 위해 이보다 좋은 방법이 없을 것 이다.

진언(眞言), 즉 자기에게 맞는 글자를 반복하여 계속 생각하 고 부르면 술과 담배, 나쁜 음식을 줄이게 되고 더 열심히 하 면 결국 나쁜 것을 끊게 된다. 반복된 진언을 계속하면 나쁜 음식을 먹고 싶다는 생각이 일어날 틈을 주지 않을 것이고, 그만큼 마음이 좋은 생각 쪽으로 달려가기 때문이다.

수행을 하면 불안한 마음은 사라지고 기쁘고 행복한 마음은 증가한다. 사람이 화를 내면 아드레날린이 몸속에 분비되고, 스트레스를 받으면 콜레스테롤이 증가되어 건강에 좋지 못하다. 하지만 기쁜 마음을 가지면 엔돌핀이 증가한다.

살아가면서 자기에게 주어진 일이나 생활을 열심히 하는데도 불구하고 결과는 그저 그럴 때가 있다. 매일 온힘을 다해 노력하는 사람에게는 기가 막힐 노릇이다. 반면 노력은 많이 하지 않고 여유 있는 시간을 많이 보내면서도 성적이 탁월한 사람이 있다.

축구선수를 예로 들면 연습을 별로 하지 않아도 골을 잘 넣는 선수가 있고, 열심히 연습을 하여도 성적이 좋지 못한 선수가 있다. 또한 초등학교 때 잘하던 선수가 중고등학교에 올라가면 성적이 나쁜 경우도 있다. 왜 이런 불일치 현상이 일어날까? 우리들이 타고난 재주나 운으로만 설명하기엔 개운치가 않다. 피나는 노력을 해도 성적이 올라가지 않는 그들의 노력을 이런 말로 위로하기엔 역부족일 것이다.

적성(適性 - 구체적인 특정 활동능력)을 찾는 것이 중요하다. 적성을 찾아 천직을 가졌다면 모두가 노력한 만큼 대가를 돌려받겠지만, 우리 사회의 대다수는 노력한 만큼의 성과를 받지 못한다. 타고난 능력이나 운(運) 외에는 이 상황을 설명하기 쉽지 않다. 이런 의문을 가지고 살던 어느 날, 갑자기 원인과 결과라는 단어가 머리에 떠올랐다. 대부분의 사람들이 노력을 하지만, 정작 원인과 결과가 하나라는 생각을 하지 않고 결과만을 생각하는 경우가 많다는 것이다.

이러한 현상은 원인이 성숙(成熟)의 과정이라 잘 드러나지 않는 반면, 결과(結果)는 성장의 과정이기에 잘 드러나는 현상 때문일 것이다. 우리들이 일상적으로 먹는 장류(醬類 - 된장, 간장 등)를 보면, 숙성되는 과정에서는 아무런 변화가 없는 듯 느껴진다. 그런데 속을 들여다보면 그렇지 않다. 형태나 크기와 같은 물리적 변화는 없지만 내부에서는 엄청난 화학적 변화가 일어나는 시기인 것이다.

근육을 키우는 것보다 더 어려운 것이 성격을 바꾸는 일이 듯, 물리적 변화보다 훨씬 에너지가 많이 소모되는 것이 화학적 변화다. 원인에 충실하지 못하고 급성장한 일들은 무너지는 경우가 많다.

인생의 결과는 사후(死後)에 평가되는 경우가 많다. 죽는 날까지 원인을 중요하게 생각하고, 결과에는 너무 집착하지 않는 것이 중요할 것이다.

성숙기간은 사람마다 다르다. 이 성숙의 시간을 조절하는 방법이 바로 염송수행이라고 할 수 있다. 우리들은 대부분 핸드폰을 가지고 생활한다. 핸드폰을 가지고 다닌다고 해서 무조건 통화가 되는 것이 아니다. 누군가가 나의 핸드폰 번호를 입력해야 하고, 나도 번호를 입력해야 다른 사람과 통화가 가능하다. 이러한 것과 같이, 우리들도 생기로 뇌파를 조절해 성공의 방파(放波 - 전파 보냄)를 해야 성공으로 가는 시간을 단축하거나 성공을 이룰 수 있는 것이다.

우리는 삶의 대부분을 남과 인연을 맺고 살아가고, 좋고 나쁜 일도 남(他)으로부터 일어나는 경우가 대부분이다. 나쁜 생각을 바꾸지 않고 상심(傷心 - 아프게 하는 마음) 하면 건강에 해롭다. 이러한 일들을 깊이 생각보면 오직 자기 마음에서 일어나는 생각에 불과하며 스쳐지나가는 바람과 같은 것이다.

언론 발표를 보면 경주의 최 부자는 임진왜란 때 적을 물리친 공로로 경주 강가에 갈대밭을 왕으로부터 하사받아 개간하여 큰 부자가 되었다. 우리나라 속담에 부자는 3대를 못 간다고 하는데, 최 부자의 집안은 9대까지 부자로 살았다. 서기 1889년에 동학농민 혁명이 일어나 지방 곳곳에서 농민군들이 부자의 집을 약탈하고 방화했는데 경주도 예외가 될 수는 없었다. 이때 농민군이 쳐들어와 최 부자 집을 공격하려고 했는데, 주위에 사는 사람들이 최 부자 집을 약탈하면 많은 동민이 굶어 죽는다고 설득하여 약탈을 면하게 되었다.

최 부자 집이 부자로 9대를 어어온 것은 불교에 심취한 조상들의 적선 덕분이었다. 옛날에는 흉년이 들면 굶어 죽는 사람이 많았고, 그만큼 영양실조도 많았던 시대이다. 최 부자는 자기 집으로부터 사방 십 리(4㎞) 안에 굶어죽는 사람이 없도록 주민을 보살핀 것이다.

최(崔) 부자는 1000석(1석=120㎏)의 농지(農地)를 가진 부자였는데, 자기 집에서 10리(4㎞정도의 거리로 걸어서 1시간이면 갈 수 있다.) 이내에 굶주림으로 생명이 위독한 사람이 있으면 곡식을 무상으로 나눠주었다. 추측컨대 그에게 받은 곡식으로 연명한 사람들은 농번기 때 최 부자집의 일을 받은 곡식만큼 도와주지 않았을까 생각한다. 이렇게 되면 배풂이 자신에게 돌아왔다고 할 수 있다.

우리사회의 한 부분을 차지하고 있는 스님들을 보면 자기의 판단으로 운명을 좋게 만드는 것을 볼 수 있다. 스님들은 출가하는 날부터 오복(五福)이 갖추어진다.

1. 수명복(壽命福)

스님들이 장수하는 것은 육식과 술, 담배를 금지하고 부부관계가 없어 정력이 낭비되지 않기 때문이다. 또한 생기(生氣)를 발생시키는 기도를 함으로써 장수를 하게 된다.

2. 재물복(財物福)

스님들은 의식주(衣食住 - 의복, 식사, 주거)를 걱정할 이유가 없으며 재산을 모을 이유도 없다.

3. 강녕복(康寧福 - 여기서 康寧이란 편안한 것을 뜻한다.)

스님들은 기도 생활을 하는데, 이것이야말로 최고로 편안한 생활이다.

4. 유호덕복(攸好德福 - 다른 사람에게 베푸는 것)

스님들은 가진 것을 다른 사람에게 베푸는 것이 목적으로 삼는다.

5. 고종명복(考終命福 - 늙어 죽는 복)

일반인들은 병원에서 죽는 경우가 많지만 스님들은 절집에서 입멸한다. 최고로 안락한 입멸이다.

이처럼 스님들은 완벽에 가장 가까운 5복을 받았다고 할 수 있다. 때문에 스님들은 한평생 누구보다 존경받고 행복한 삶을 산다. 불교 신도들은 삼귀의(三歸依) 염송을 하는데, 삼귀의에서 불(佛)은 부처님께 의지한다는 뜻이고 법(法)은 불법에 의지한다는 뜻이며 승(僧) 스님에게 의지한다는 뜻이다. 이렇게 존경받는 것이다.

천태종 구인사 스님 중 불교방송 즉문즉답에 나오시는 스님이 계신데, 24세 출가하시어 지금도 수행을 잘하시기로 소문이 자자한 스님이시다. 월도 스님의 부친은 스님이 출가하기 전부터 구인사 신도로 불교를 믿었는데, 1970년대만 해도 나무 장작을 절에서 사용하여 생활하였다. 그래서 부친은 매년 초겨울 절에 나무를 지게로 운반하여 겨울 준비를 돕는 일을 하셨다. 이후 아들이 출가하여 구인사에서 스님 공부를 처음 하는 해에도 전과 같이 나무를 베어 지게로 운반하였다.

스님들과 신도들의 기도실이 다르므로 아들 스님이 사람을 시켜 아버지를 스님 방으로 오시게 하였다.

아버지가 남루한 옷차림에 지게로 나무를 지고 오시는 것을 보니 아들인 월도 스님이 "마음이 편치 못합니다."라고 하니 아버지가 "그게 그렇게 보기가 민망합니까? 그러시다면 고려해 보겠습니다."라고 답했다고 한다.

부자 간의 대화내용이 일반 사회에서는 상상할 수 없는 것이라 이 글을 남겨본다.

스님과 아버지는 몇 달 전만 해도 일반적인 부자간이었는데, 아들이 스님이 된 날로부터는 서로 존경하는 대화를 나누는 것을 통해 불법의 참다움을 볼 수 있었다.

이는 운명을 바꿀 수 있다는 확신을 설명하기 위하여 실제 예를 소개한 것이다.

"생기염송수행법보다 더 좋은 방법이 없을까?" 하고 의심할 필요가 전혀 없다고 확신한다. 의심을 가지고 헤매면 시간낭비가 될 것이다. 불교 경전이 2천 6백 년 동안 최고의 철학으로서 인정되고 있는 이유는 말과 글로 표현할 수 있는 최고의 문장이 모두 포함되었기 때문이다. 이는 세월이 아무리 흘러도 변하지 않을 것이다.

또한 생기염송수행도 여기서 나왔기 때문에 최고의 수행방법이라는 자리에서 내려올 수가 없다. 생기염송수행이 종교와 관계없이 최고의 수행법이라 확신하는 이유는, 이 수행법이 철학적이고 합리적이기 때문이다.

현대인들은 대중교통과 자가용을 이용하면서 생활한다. 자동차 사고를 보면 한순간의 방심이나 잘못으로 인해 발생할 때가 있고, 반대로 상대가 잘못하여 사람이 다치는 경우도 있다. 중상이나 사망사고로 많은 사람이 희생(犧牲)된다. 사고 차량을 비롯한 모두가 1~2초만 빨리 가거나 늦게 갔더라도 접촉사고는 일어나지 않았을 것이다.

그런데 이러한 사고를 염송으로서 예방할 수 있다. 염송수행을 열심히 하면 마음이 염송수행에 집중되고, 집중된 마음은 차량을 늦게 가도록 하거나 1~2초 빨리 가도록 자연적으로 만들 것이다. 눈에 보이지 않고 느끼지 못하는 영감(靈感)이 작용하는 것이다.

누구나 수행을 해야 하며 원력을 세워서 실행하려는 부단한 노력이 필요하다. 자기의 수입이 많고 적은 것을 떠나 10% 정도는 남을 돕는데 사용하여야 할 것이다. 자기 주위에 적선을 모르는 사람을 마음으로 선정하고 가까이 하면서 자기 수입의 일부를 들여 시간을 만들고 금전을 나누며 적선방법을 전하는 노력을 하여야 한다.

이러한 노력은 적자로 남지 않는다. 반드시 흑자가 되어 돌아올 것이다. 이 책 내용 중 많은 부분이 적선이나 사랑 등이 언젠간 복으로 돌아와 자기도 잘되고 자손까지 잘될 것이라 설명하고 있다. 내가 했다는 마음은 버리고 겸손으로 일관하면 악은 물러가고 행복은 늘어날 것이다.

11

기독교 영성靈性
불교 마장魔障 유교
예지력豫知力

기독교 영성

1. 하나님을 믿고 거듭난 모든 사람들에게 주어진 영적인 성품을 말한다.
2. 성령의 역사하심으로 예수 그리스도를 통해서 이루어진 하나님의 모든 은혜와 은총을 경험하는 자에게 나타나는 자연스럽고 경건한 성품이다.
3. 성령의 충만한 은혜 속에서 성령의 지배를 받고 살아가는 영적인 사람의 속성을 말한다.

불교 마장

　마장(魔障)은 귀신과 마귀를 뜻하는 마(魔)자와 막히다는 뜻의 장(障)이 합쳐진 글자로서 '귀신에 막힌다.'라는 뜻을 가진다. 결국 마장은 전생에 악업(惡業)을 지은 죄로 인하여 받게 되는 온갖 장애를 말한다. 마장은 3독심, 즉 탐욕, 욕심, 시기, 질투, 중상모략이 강한 사람들이다. 부모나 조상들이 이러한 마음으로 살아가면 악업이 되어 금생(今生)에 가난하고 게으르며 병고에 시달리는 몸으로 태어난다.

　종교에서 기도를 하면 꿈속에서 무엇이 나타나는 경우가 많다. 사람마다 회수의 차이와 나타나는 내용이 여러 가지다. 이러한 현상은 기도를 하면서 정신이 밝아지는 한 과정이다. 이처럼 영성과 예지력은 비슷하다.

　수행 과정 중에 나타나는 선악의 업상 가운데 선한 업상 전부가 수행에 긍정적인 의미를 갖거나 악한 업상 전부가 부정적인 의미를 갖는 것은 아니다.
　만약 수행자가 선한 업상에만 집착하면 더 이상 수행을 진행하기 어려워져 오히려 장애를 만나게 된다. 때문에 수행자는 오르지 염송에만 매달려 일심으로 수행하여야 한다. 불교에서 이런 현상을 왜 마장이라고 칭하며 지금까지 가르치고 있느냐 하면, 대부분 꿈처럼 나타나는 것들이 영성이나 예지력이 아니고 잘못된 것들이기 때문이다. 이러한 것들이 바로 마장이고, 이러한 일이 일어나는 것을 조심하라는 뜻이다.

영적인 세계는 자신의 주관적 견해가 개입된 의식의 투영이 많다. 수행을 하면 신비의 체험이라고 하는데, 평소에 없는 이상한 투영들이 나타나곤 한다. 이것은 뇌가 정화되면서 허공에서 꽃이 보이기도 하고 꿈에서도 여러 가지 형상들이 나타나게 되는 것으로, 모두가 허상이므로 관심을 가질 필요가 없는 것이다.

불교에서 1천 3백 년 전부터 수많은 스님들의 경험을 기록한 것을 보면 마장을 경계하라고 설명하고 있다. 종교에는 자칫하면 이러한 잘못된 오해 현상을 일으키는 경우가 많은데, 그 이유 중에 한 가지는 "내가 기도를 하니까 기도발이 나타나는구나."라는 착각을 일으키기 때문일 것이다.

이러한 현상을 해석하거나 그것에 끌려가면 절대로 안 된다. 그냥 없는 것으로 생각해야 하며, 그에 대해 고심할 필요도 없다. 인간의 생각을 분석하면 전오식(前五識 - 눈, 귀, 코, 혀, 촉감)이 모든 마음의 본성에서 구별되어 느껴진다.

6식은 말라식이라고 하며 전오식에 전달된 감각들을 인식하며 사유하고 분별하는 것이다.

마지막 7식은 종자식이라고 하며 그 내용은 다음과 같다. 뇌 속에는 부모 또는 조상으로부터 물려받은, 마치 좁쌀 같이 작은 잠재적 종자식이 바구니에 가득 담겨 있는데, 종자 하나를 끄집어내어 적당한 온도와 습도를 맞춰주면 싹이 돋아나듯 본성도 주변환경에 따라 드러난다는 것이다.

참다운 영성과 예지력이 없는 것은 아니다. 참다운 것, 유익한 것을 얻으려면 사람에 따라 차이는 있겠지만 대부분 참다운 기도, 즉 기도에 집중해야 한다. 이때 보통 사람들은 별 것 아니고 유익하지도 않은 영성이나 예지력이 나타난다.

어떠한 일이 이뤄지는 것이 미리 꿈에 나타난다 하더라도 별로 유익할 것이 없다. 기도로 자기의 앞날을 정확히 내다보고 삶을 살아갈 수 있는 사람은 수백만 명 또는 수천만 명 중 한두 사람이므로 일반인들은 기대하면 아니 될 것이다.

인간의 뇌는 조상으로부터 물려받은 종자식만 있는 것이 아니다. 성장하면서 전오식과 6식에 의하여 새로운 종자식이 저장되기도 하고, 순간적 저장되었다가 사라지기도 한다. 이 종자식들이 인생의 운명을 좌우하는 작용을 하는데, 그것이 바로 우리가 알고 있는 사주팔자이다.

이러한 종자식 때문에 쌍둥이도 다른 삶을 사는 경우가 많다. 부모에게 받은 종자식은 같아도 성장과정에서 사유하는 방법이 다를 수 있고, 남을 만나는 부분이 다르기 때문에 삶이 다른 것이다.

필자의 경우는 아래와 같다.

2010년 3월, 실직한 지가 오래되어 무엇을 할까 고민하고 있던 중에 한 가지 사업이 아이템이 생각나서 평소보다 많은 기도 시간을 가지면서 지냈다. 그러던 어느날 평소에 없던 돼지가 나타나고 내 몸이 하늘을 나는 꿈을 꾸었다. 다음날은 기도 중에 금광 속에서 기도하는 모습이 나타났다. 그것을 보고 혼자 '이제야 내 사업이 되는구나'라고 판단해 빚을 내어 사업을 시작하였다. 3년을 투자하고 버티었지만 결국은 사업은 실패로 돌아갔다. 노년기인 지금도 빚에 시달리며 어려움에서 벗어나지 못하고 있다. 이처럼 영성과 예지력이 마장인줄 알아야 한다. 잘못 해석하여 따라가면 인생을 반드시 망친다.

인간은 몸과 마음뿐이다. 그 중 마음이 없으면 식물인간이다. 깨달음도 마음을 깨달아야 하는데 어떠한 마음이 깨달은 마음일까?

기독교의 영성이나 국어 사전의 예지력과 비슷한 개념일 것이다. 사람은 누구나 복잡하게 두뇌를 사용하면서 살아간다. 이러한 환경에 있는 두뇌를 무념(無念)이나 일심으로 맑게 하면 예지력이 살아나면서 잠을 자지 않아도 꿈을 꾸는 것과 같이 여러 가지 일들이 나타나는 경우가 많다. 이러한 과정에서 나타나는 일들은 틀리는 경우가 90%이상이고, 간혹 맞는 꿈을 꾸었다 하더라도 자기의 결정에 아무런 도움이 되지 않는다.

물론 참으로 소중한 예지력이 없는 것은 아니다. 그러나 진정한 예지력을 얻는 사람은 태어나는 인연과 수행하는 인연이 맞는 사람이다. 이것은 특별한 경우이므로 일반인들에게는 참고사항일 뿐이다.

　　필자가 아는 예지력 하나를 소개하면, 천태종 창건 상월 원각대조사(上月圓覺大祖師 - 본명 박동준)가 1945년 강원도 금강산에서 절을 창건하고 싶어서 기도를 3년간 하고 있었는데, 어느 날 기도 중에 큰 산골짜기가 나타나 보이면서 "남쪽에 있다. 찾아 가거라."라는 말이 들렸다. 그래서 무조건 걸어서 남쪽으로 왔는데 충청북도 단양군 영춘면 백자리에 도착하여 보니 꿈에 나타난 골짜기가 보여서 그곳에 초가집 절을 짓고는 제자들이 7~8명 모이기 시작하자 제자들에게 "앞으로 이 골짜기에 절 건물이 꽉 들어찰 것이다."라고 예언을 하셨다.

　　그때 그 말을 들은 제자들은 초가집 한 채에서 이런 예언을 하니 믿지 않았다고 회고하였다. 현재 천태종 구인사는 대조사의 예언대로 골짜기에 크고 작은 건물이 28체나 들어서 있고, 큰 박물관까지 설립되어 대한민국 단일 사찰 중 가장 큰 규모를 자랑하고 있다. 전국에 160여 개 말사와 우리나라에서 두 번째로 많은 250만 명의 신도를 보유하고 있으며, 다른 종단은 신도가 줄어드는데 반해 천태종은 신도의 수가 많이 증가하고 있다.

우리사회에 죽음을 맞이하는 인생에 마지막 길, 임종(臨終)을 보면 대부분 병원에서 수술과 주사, 약물로 연명하다가 병원의 영안실 냉장고로 간다. 반면 스님들의 죽음은 어떠한가. 대부분 절집에서 조용히 눈을 감는다. 무소유라는 시로 유명한 법정 스님, 성철 스님 등 지금도 조용한 영면(永眠)에 드시는 스님이 많다.

스님의 영면에 대한 글을 본 적이 있다.

경북 청도군 운문사에는 비구니(여자 스님) 스님만 공부하는 사찰인데, 운문사에서 좀 떨어진 곳에 청신암이란 암자가 있다. 이곳에 2~3십 년 전에 노 비구(남자 스님) 스님이 공부하고 지냈는데 운문사에서 스님께 공양을 1일 2회 드리고 있었다.

불가는 오래 전부터 비구니 스님을 비구 스님보다 서열을 낮게 봤고, 비구니만 있는 사찰은 신도가 거의 없었다. 그때 암자에서 공부하던 스님이 많이 알려진 스님이라 암자에 찾아오는 신도들이 많았다. 암자에 오면 법당을 찾아 예배하는 것은 불가에 예의이다.

노 스님은 팔십대 후반이라 하루는 공양을 가지고 온 비구니 스님에게 "내일부터 공양(사찰에 식사음식)을 가지고 오지 마라."라고 하셨다. 그러자 비구니 스님이 "스님, 어째서 공양을 올리지 마라고 하십니까?"라 묻자 "자네들이 수고스럽고, 내가 이 나이가 되었는데 가야지."라고 하셨다.

그 말을 들은 비구니 스님은 운문사에 내려와 간부 스님들에게 자초지종을 말씀드렸다. 간부 스님들은 우리가 찾아뵙고 영면을 만류하자는 의견을 모으고 암자에 계신 노 스님을 친견하여 "스님, 영면에 드시면 안 됩니다."라 하니 노 스님이 "어째서 그런고?" 하고 반문하셨다. 간부 스님들이 "노 스님이 계시니 이만큼이라도 불전이 들어오는데, 스님이 열반하시고 안 계시면 우리들은 굶어서 생활이 곤란합니다."라 답했다.

이 말을 들으신 노 스님은 "그러면 공양을 올려라." 하시고 공부로 일상을 보내시다가 2년이 지난 후에 "이제는 간다." 하시고 영면에 드셨다.

이는 누구나 염송수행을 지속적으로 하면 가능한 일이다. 스님만 되는 것이 아닐 것이다.

인간의 유종(有終)의 미(美)를 생각해 볼 필요가 있다. 가족이나 주위 사람이 지켜보는 마지막 길을 병원에 매린 채 가는 것은 유종의 미가 없는 것이다.

말과 글로서 깨달음을 설명한다고 하면, 깨달음은 예지력(豫智力) 또는 예감(豫感)일 것이다. 앞날에 닥쳐올 일들을 미리 아는 능력이다. 간혹 자신과 관련된 예지를 꿈에서 볼 때가 있는데, 이것은 예지력과는 다른 것으로 그저 예감일 뿐이다. 예지력은 자신은 물론 상대하는 다른 사람의 앞날도 정확히 알 수 있는 능력을 말할 것이다.

2004년 태국에 쓰나미 해일(海溢)이 덮쳤을 때의 일이다. 관광 투어로 코끼리를 타기 위하여 해안에 코끼리를 묶어 두었는데 평소에는 가느다란 밧줄로 묶어두어도 도망가지 않았던 코끼리가 해일이 일어나기 20~30분 전에 묶어둔 줄을 끊고는 산으로 도망쳤다. 그리고 그 코끼리는 모두 살았다. 사람에게도 이러한 예지력이 존재하는데, 과학문명의 발달로 인해 예지력이 점점 약화되어가고 있다.

불교에서 깨달음은 중요한 부분을 차지하고 있다. 불교의 역사를 통해서 출가이든 재가이든 불자들은 선정(禪定) 또는 삼매에 들어가도록 수행하고, 선정이나 삼매(三昧)에서 불교적 진리를 아는 지혜를 획득하고 깨달음을 얻었다고 생각된다. 선정이나 삼매로 표층의식(表層意識)을 소멸시켜 심층 의식(深層意識)을 자각해가고, 최(催) 심층의식도 소멸시키는 동시에 자신의 실존에서 모든 중생에 해당되는 근본 진리를 아는 지혜를 얻어서 깨달음을 얻는 것이다.

따라서 깨달음이라는 것은 그와 같은 방법으로 자아라는 인격에서 해탈해 자유롭게 되고, 중생에 대해서 무애(無碍)자재로 작용해서 새로운 불보살적(佛 菩薩的 - 깨달은 자) 인격으로 다시 태어나는 것이라고 해도 좋다.

그러나 깨달음에 의해서 얻어지는 구체적인 진리나 깨달음을 표현하는 말은 시대나 지역에 따라 다양하게 나타났다. 석가모니 자신은 점차로 심오한 선정을 체득해서 과거, 미래, 현재에 이르는 자아적 존재를 방기한다는 점에서 해탈하면 자유로워지고 열반으로 들어간다고 주장하였다.

생각의 능력을 보여주는 조사(祖師 - 덕이 높은 스승)와 제자 사이에 주고받는 내용을 보면, 중국 불교에 전해지고 있는 불서(佛書)에 중국 남쪽지방에서 홀로된 노모를 모시고 농사를 지으며 생활하는 사람의 이야기가 나온다.

멀지 않는 장에다 나무를 팔아서 생활을 하는 이로 글을 배워본 적이 없는 사람이었다. 그 사람이 나무를 팔고 집으로 돌아가는 길에 어느 집안에서 글을 읽는 소리가 들리는데 응무소주 이생기심(應無 所住 而生其心), 즉 '어느 곳에도 마음이 오래 머물지 않게 하여 마음을 일으켜라.'라고 하는 것이다.

나무꾼이 글 읽는 사람을 보고 "그 책을 어디가면 구할 수 있습니까?"라고 묻자 글 읽는 사람이 "상해 근처 어느 절에 가면 구할 수 있소." 하고 대답하였다. 그 길로 집에 와서 어머니에게 "이러한 말을 들었는데 3년 간 집안일을 열심히 하여 어머님이 살 수 있도록 하고 어느 절에 가서 도를 배우고 싶습니다."라 하였다.

그러자 어머님 말씀이 "이만 하면 사는데 지장이 없다. 도를 배우려는 사람이 시간을 지체하면 안 된다. 바로 떠날 준비를 하여 가는 것이 좋다."고 하였다 한다.

참으로 훌륭한 어머님이고, 큰 사람이 될 재목의 아들을 둔 것이라고 할 수 있다.

아들이 어머니에게 인사를 드리고 떠나는데, 걸식(乞食 - 얻어 먹는 것)을 하면서 3천리 길을 걸어 절에 도착하여 주지 스님에게 인사를 드리는데, "어디서 왔는고?"라며 주지 스님이 물었다. 그에 아들이 "남쪽에서 왔습니다."라 답하니 "남쪽은 오랑캐 천민이 사는 곳인데 불법을 배울 수 있는가?"라고 주지 스님이 말씀하셨다. 그에 "스님, 불법에서도 천민이 있습니까?"라고 아들이 대답하자 주지 스님이 속으로 '이놈이 제법이다.' 생각하시고 "방앗간에 가서 방아를 찧어라." 하명하여 6개월을 밤에는 동료들과 염불을 하고 낮이면 방아 찧는 일만 하였다. 옛날에는 디딜방아(3갈레 큰 나무로 만들어 두 갈레가 좁게 벌어진 쪽은 두 사람이 발로 밟아 아래로 내렸다. 발판을 놓으면 머리 쪽 절구 모양의 방아퀘가 움직여 벼를 찧는다.)를 썼는데 능률이 떨어져 하루에 얼마 찧지 못한다.

6개월 째 되는 날 예고 없이 주지 스님이 방문하여 하시는 말씀이 "방아는 잘 찧어 지는가."라 묻자 모두가 머뭇거리는데 남쪽에서 온 아들이 "방아는 잘 찧어지는데 어느 것이 미(껍질이 안 벗겨진 벼의 낱알)인지 알 수가 없습니다."라 답했다. 그러자 주지 스님이 주장자(스님들의 지팡이)로 방아 머리를 3회 두드리고 가셨다.

여러 사람들이 그저 멍하니 쳐다만 보고 아무런 말이 없었다. 그러나 남쪽에서 온 아들은 그 뜻을 이렇게 알아들었다.

'쌀 가운데 미'라는 말의 뜻은 수행을 했는데 어떤 것이 참 수행인지 분간을 못하겠다는 뜻이고, 주지 스님이 3회 두드리신 행동의 뜻은 3경, 즉 밤 12시에 나의 처소로 오라는 뜻이라고 (옛날에는 1경은 오후 6시 2경은 오후 9시 3경은 밤 12시로 시간을 표시했다).

밤 12시에 주지 스님을 친견(親見)한 남쪽에서 온 아들을 수제자로 삼아 주지 스님이 법통을 인계하면서 "남쪽 고향 근처에 머물면서 12년을 기다린 후에 큰 스님이 되어 법을 전파하는 일을 할 것이다."라고 하였다. 수백 명의 수행자들이 20~30년 동안 주지 스님 아래에서 공부하였는데, 그런 모든 이를 제치고 6개월 만에 수제자가 되어 법통을 받는 일은 불교에서만 가능한 일일 것이다.

지금도 불가 수행에 '돈오돈수냐, 돈오점수냐'라는 논란을 일으킨 중국 불조사(佛祖師)로 주지는 5조 홍인 스님, 남쪽에서 온 제자는 6조 혜능 스님이다. 이 이야기는 1,300년 전에 있었던 일이다.

삼매경(三昧經)

삼매경의 한문을 살펴보면 셋 삼(三), 어두울 매 또는 밝을 녘 매(昧)로, 이것은 어둡기도 하고 밝기도 하다는 뜻이 된다.

이것도 '있다, 없다.'와 같은 뜻의 중도이다. 종교인들은 누구나 삼매에 들어가기를 원한다. 삼매의 개념은 우리들이 어떠한 일에 몰입하면 시간적 개념을 잊어버리고 시간이 지나간 줄 모르는 상태이다. 종교인들 모두가 자기 종교에 몰입되기를 원하는 것은 당연하다.

불교의 삼매를 한자 문화권에서는 그다지 중시하지 않으나 네팔에서는 구법보(九法寶) 중 하나로 매우 중시한다. 특히 중관학파(中觀學派)에서 중시하여 7세기에 이 경전을 인용하였다. 경전의 중심사상은 일체제법 체성평등 무희론 삼매(一切諸法體性平等無戲論三昧)이다. 이는 석가모니가 월광동자(月光童子)의 질문을 받고 대답한 삼매로, 간략히 월등삼매라 한다. 경전 이름 역시 여기에서 유래하였다. 석가는 자신이 이 삼매를 수행하여 깨달음을 얻었다고 밝히면서 수행할 것을 권한다. 이 삼매에 들면 모든 존재는 실체가 없고 환상에 불과하다는 사실을 꿰뚫어 보게 된다.

불교보왕삼매론(寶王三昧論)

1. 몸에 병이 없기를 바라지 말라. 몸에 병이 없으면 탐욕이 생기기 쉽나니. 그래서 성현이 말씀하시되 병고로 양약을 삼으라 하셨느니라.

2. 세상살이에 곤란이 없기를 바라지 마라. 곤란이 없으면 업신여기는 마음과 사치한 마음이 생기나니 그래서 성현이

근심과 곤란으로 세상을 살아가라 하셨느니라.

3. 공부하는데 마음에 장애 없기를 바라지 마라. 마음에 장애가 없으면 배우는 것이 넘치게 되나니 그래서 성현이 장애 속에 해탈을 얻으라 하셨느니라.

4. 수행하는데 마(魔)가 없기를 바라지 마라. 수행하는데 마가 없으면 서원이 굳건해지지 못하나니 그래서 성현이 마군으로 수행의 벗을 삼으라 하셨느니라.

5. 일을 꾀하되 쉽게 되기를 바라지 말라. 일이 쉽게 되면 뜻을 경솔한데 두게 되나니 그래서 성인이 말씀하시되 여러 번 겪어서 일을 성취하라 하셨느니라.

6. 친구를 사귀되 내가 이롭기 바라지 마라. 내가 이롭고자 하면 의리를 상하게 되나니 그래서 성인이 순결로 사귐을 길게 하라 하셨느니라.

7. 남이 내 뜻대로 순종해주기 바라지 마라. 남이 내 뜻대로 순종해주면 마음이 스스로 교만해지니 그래서 성인이 내 뜻에 맞지 않는 사람들로 원림(園林) 삼으라 하셨느니라.

8. 공덕을 베풀면 이익을 바라지 마라. 이익을 바라면 도모하는 뜻을 가지게 되나니 성인이 말씀하시되 베푼 것을 헌신짝처럼 버리라 하셨느니라.

9. 이익이 분에 넘치도록 바라지 마라. 이익이 분에 넘치면 어리석은 마음이 생기나니 그래서 성인이 적은 이익으로 부자처럼 살라 하셨느니라.

10. 억울함을 당해서 밝히려고 하지 마라. 억울함을 밝히면

원망하는 마음을 돕게 되나니. 그래서 성인이 말씀하시되 억울함을 당하면 수행하는 도구로 삼으라 하셨느니라.

법성게(法性偈)

의상 조사의 성은 김 씨이며 신라 경주에서 644년 황복사(皇福寺)에 출가해 승려가 되었다. 661년 문무대왕 때 당나라 사신을 따라 중국으로 유학했고, 종남산(終南山) 지상사(智相寺)에서 중국 화엄종 2대조 지엄(智儼) 스님에게 화엄사상을 배웠다. 668년 중국에서 7언(言) 30구(句) 210자 법성게(法性偈)를 저술하였다. 의상 조사는 671년 신라로 돌아와 신라 화엄불교를 널리 보급하고 여러 곳에 절을 창건하였다. 영주 부석사, 해인사, 화엄사, 범어사, 갑사 등은 오늘날에도 대사찰로 이름이 높다. 또한 의상 조사의 제자인 표훈 스님에게 화엄을 배운 김대성은 화엄세계를 현상화하기 위하여 불국사 석굴암을 창건하였다. 석굴암은 오늘날 한국문화를 대표하는 문화재로 남아 있다.

법성게 30구절	
법성원융 무이상 法性圓融 無二想	법성이 원만하게 화합하여 둘이 없나니
제법부동 본래적 諸法不動 本來寂	만법은 움직임 없이 본래 고요한 것

무명무상 절일체 無名無常 絶一切	이름도 모양도 일체가 끊어져
증지소지 비역경 證智所知 非餘境	깨달아 증득한 이가 알 뿐이다.
진성심심 극미묘 眞性甚深 微妙法	참다운 성품은 깊고 묘한 것
불수자성 수연성 不守自性 隨緣成	자성을 지키지 않고 인연 따라 일어난다.
일중일체 다중일 一中一切 多中一	하나 가운데 일체가 있고 많은 가운데 하나
일즉일체 다즉일 一卽一切 多卽一	하나가 전부이고 전체가 하나일세.
일미진중 함시방 一微塵中 含十方	한 티끌 작은 속에 우주를 머금었고
일체진중 역여시 一切塵中 亦如是	낱낱의 티끌 또한 그러하네.
무량원겁 즉일념 無量遠劫 卽一念	한없는 긴 시간 일념이고
일념즉시 무량겁 一念卽時 無量劫	한 생각도 자기에게 다시없는 순간일세(자기의 생각이 끝없는 시간 속에서 일어났다 사라진다. 이것은 누구나 하지만, 그 안에 똑같은 단 하나도 시간이 없다. 즉 2천 년 1월 1일 1시 1분 1초는 수억만 년 끝없는 시간이 흘러도 두 번 다시 같은 찾아오지 않는다).
구세십세 호상즉 九世十世 互相卽	과거, 현재, 미래 시간이 한 덩어리일세.
잉불잡난 격별성 仍不雜亂 隔別成	시간의 개념으로 설명하지 못한다(즉 시간은 현재 1천 분의 1초, 2초, 3초는 과거, 현재, 미래로 구분할 수 있다. 그러나 타인에게 현재는 1천 분의 2초로 현재라고 알려주면 그 시간은 이미 지나가서 과거가 되어 버린다. 알려주는 개념은 성립이 불가능하나 과거, 현재, 미래가 있는 것은 확실하다. 또한 한 덩어리이며 또한 각각 일 것이다).
초발심시 변정각 初發心時 便正覺	진리를 믿어야 하고 처음 발심할 때 정각이 이루어졌다.
생사열반 상공화 生死涅槃 相共和	생사와 고요한 열반은 모두가 한 덩어리
이사명연 무분별 理事冥然 無分別	이치와 현상이 고요하여 분별이 없다.

시불보현 대인경 十佛普賢 大人境	깨달은 자의 부사의 경계로세
능인해인 삼매중 能仁海人 三昧中	부처님의 깨달은 진리 속에
번출여의 부사이 繁出如意 不思議	신비로운 진리 속에 자재로 나고 드네.
우보익생 만허공 雨寶益生 滿虛空	보배의 비가 허공에 꽉 차고
중생수기 득이익 衆生隨器 得利益	사람의 마음 크기에 따라 이익을 받는다.
시고행자 환본제 是故行者 還本際	행하는 자가 진리의 근본으로 돌아갈 때
파식망상 필부득 叵息妄想 必不得	망상을 쉬지 않으면 얻지 못하리
무연선교 착여이 無緣善巧 捉如意	절대의 착한 방편 찾았으니
귀가수분 득자량 歸家隨分 得資糧	고향으로 돌아가는 노자가 가득하네
이다라니 무진보 以陀羅尼 無盡寶	끝없이 쓰는 비밀주문 보배가
장엄법계 실보전 莊嚴法界 實寶殿	진리의 보배가 실제로 장엄되어 가득하네
궁좌실제 중도상 窮坐實祭 中道床	있다 없다에 치우치지 않고 중도에 머물며
구래부동 명위불 舊來不動 名爲佛	옛부터 그대로가 부처라고 하였네.

이 법성게를 자기의 생각에 따라 곡을 대략 붙여 외우면 감
정도 좋아지고 외우기도 좋아진다. 중년 이상은 트로트곡이
잘 맞고, 중년 이하는 그 시대의 곡이 좋을 것이다. 1,300년
전에 처음 나온 이 진리의 노래를 부르는 것은 참으로 큰 행

운이며, 이 뜻이 오묘하여 많은 공덕이 될 것이다.

불교에서는 현재까지도 열심히 수행하여 깨달아야 한다는 말을 많이 한다. 깨달음은 주관적 표현으로 객관적 검증이 어렵다. 깨달음을 대각(大覺), 중각, 소각으로 나누어 설명하기도 하는데, 우리들이 쉽게 이해하려면 대능력, 중능력, 소능력으로 표현하는 것이 좋다.

불교 역사상 부처님처럼 대능력을 가지고 활동한 사람은 아무도 없다. 부처님이 입멸한 다음 불법을 널리 편 뛰어난 불자들은 중각(中覺)으로, 중능력을 발휘한 분들은 용수, 달마(인도 출생), 유마, 혜가, 혜능, 마조(중국 출생), 원효, 의상, 김교각, 천태종의 창건자 상월 원각(한국 출생) 등이 있다.

유교에서도 대부(大富)는 유천(有天), 즉 하늘에 있고 소부(小富)는 유근(有勤), 즉 부지런함에 있다고 하는 것을 보면 큰 능력은 태어난다는 것이 설득력이 높아 보인다.

대각, 중각은 타고난 능력과 수행의 노력으로 이루어지므로 스님들도 기대하기 어렵기에 신도들은 더욱 기대하기 어려울 것이다. 때문에 성직자나 신도, 신자들은 능력 향상의 한 방향으로 기대하고 수행하는 것이 바람직할 것이다.

중도(中道) 사상은 부처님 멸후 6백년 경에 부처님의 중도 사상을 좀 더 구체적으로 적립한 인도의 용수 스님이 저술한 내용으로, 중도의 내용은 '진리를 있다, 없다에 치우치지 않는다는 것'이라고 설명하였다. 즉 '바람이 있다.'는 것은 누구도 부인하지 않는다. 그러나 물체는 없다.

이러한 논쟁의 중심에는 나(我)라는 집착을 낮추고 사는 것이 좋다는 의미이므로 중도나 공(空)에 대한 집착을 버리는 것이 수행에 도움이 될 것이다.

우리의 몸을 분석하면 다섯 기관이 모여서 마음을 일으키고 분별한다. 다섯 기관 눈, 귀, 코, 혀, 촉감의 감각을 마음이 알아차린다. 마음이 작용하지 못하면 다섯 기관은 인체의 다른 부위나 다름없다. 인간의 죽음, 특히 가족의 죽음 슬픈 일이다. 그러나 정확히 분석하면 그것은 자연의 이치로, 그저 나고 죽는 것이다. 우리들의 조상도 모두가 나고 죽었으며, 앞으로 태어나는 누구라도 나고 죽을 것이다. 이처럼 세상의 모든 생명체가 나고 죽기 때문에 슬퍼하거나 울거나 할 것이 없다. 그저 하나의 진리이며 진리의 과정일 뿐이다.

12

국민적 반성反省이
시급하다

반성의 개념 돌이켜 살핀다. 유교적으로 반성, 기독교에서 회개(悔改), 불교에서 참회(懺悔), 일반적으로 사용하는 반성 모두 비슷한 개념이다. 인류는 수만 년 전부터 수많은 기록을 돌에 새겨 두거나 나무나 종이에 새기면서 발전하여 오늘날 같은 문화를 만들어 냈다. 이러한 기록들은 어떻게 하면 상대에게 내 생각을 전할까 하고 반성하며 생각해낸 것일 것이다. 또한 셀 수 없이 많은 기술과 기계에 관한 설명이 기록되어 저장되고 있다. 이러한 과정들은 인간만이 할 수 있는 반성의 결과물이다.

　　반성이 무조건 좋은 것만 아니다. 반성을 잘못하면 국가와

개인 모두 잘못되는 경우가 많다. 반성을 할 때 자비의 근본을 망각하면 보복으로 변할 것이다. 보복은 끝없는 투쟁으로 이어져 결국 죽고 죽이는 엄청난 결과를 가져온다. 이러한 일을 방지하기 위하여 진정한 반성이 필요한 것이다.

특히 종교에서 반성은 설교나 설법에서 핵심으로 설명된다. 반성이 부족하면 종교를 믿어도 효과가 없다. 보통 사람도 반성이 부족하면 올바른 사회인이 될 수 없는 경우가 많을 것이다.

반성을 정확히 알려면 뇌의 구조를 분석하여 볼 필요가 있다. 인간이 일상생활을 하면서 떠올린 생각이나 행한 행동이 모두 영원히 기억되는 것은 아니기 때문이다. 행동이나 생각을 기억하는 것은 잠깐으로 그치는 경우도 있지만 몇 시간, 며칠, 몇 년 동안 이어지는 경우도 있다. 기억이 오래가는 경우를 살펴보면, 몸이나 마음에 큰 충격을 받거나, 지속적으로 반복하여 생각하면 오래 기억되는 것을 알 수 있다.

이러한 뇌의 구조를 알면 나쁜 일들은 빨리 지워버리고, 반대로 좋은 일은 오래 기억함으로써 삶에 도움이 될 것으로 생각한다. 이러한 것도 반성을 할 때 더욱 좋은 결과를 얻을 수 있도록 도와줄 것이다.

인간관계에 반성이 부족하면 좋은 관계가 될 수 없다. 잘못을 인정하지 않고 변명만 늘어놓으면 서로의 사이는 당연히 멀어진다. 반성이 부족하면 교만해져 자기 발전에 악영향을 주고, 남에게 피해를 주어 악업이 되는 일을 하게 되는 경우가 많다.

이에 대한 예시로 2018년 9. 5일 신문 기사를 소개한다. 훼불행위를 저지른 개신교 신자의 행동을 대신 사과하고 복구비용을 모금했다는 이유로 파면당한 손원영 서울기독대 교수에 대한 이야기다.

손 교수는 2016년 1월 경북 김천 개운사에서 개신교 신자로 알려진 60대 남성이 법당 내 불상과 법구를 훼손하자 SNS상에서 대신 사과의 뜻을 밝히고 복구비 모금에 나섰다. 이에 서울기독대 이사회는 손 교수의 행동이 그리스도교회 협의회 신앙 정체성에 부합하지 않는다는 이유 등을 들어 파면했고, 손 교수는 이것을 부당징계라 주장하며 소송에 나선 것이다. 그리고 그는 학교를 상대로 낸 파면처분 무효 확인소송 1심서 승소했다.

우리 모두는 과거를 반성하여 현재와 미래를 준비하지 않으면 안 된다. 반성을 게을리 하면 수많은 재앙을 일으켜 생존에 위협이 될 것이다. 현재 우리는 과학발전이란 미명 아래 오염물질을 과다하게 배출하여 지구의 오존층을 훼손했고, 그 때문에 온도 상승 등 각종 기상 이변이 일어나 지구의 생명체를 위협하고 있다.

우리나라 역시 국가적 반성이 필요한 시기에 와 있다. 정치,

경제, 사회, 교육 등 각종 실태를 분석하면 잘못 진행된 것들이 많고, 그것이 모두 국가적 결점으로 나타나고 있다. 돈 때문에 부모나 형제, 타인을 살해하는 흉악범이 날로 증가하고 있다. 또한 사기와 폭력 등 사회적 범죄도 동시에 증가하는 추세를 보이고 있다. 무엇이 잘못되어 이러한 현상이 나타나는지 국가적 차원에서 깊은 고민이 필요한 시기이다.

친구 간에도 약점을 지적하면 싫어하거나 사이가 멀어지면서 친구로 남기가 어렵다. 한문서적인 명심보감에는 '나를 나쁘다고 지적하는 친구는 나의 스승이요, 나를 착하다고 하는 친구는 나의 적으로 생각하라.'고 가르치고 있다. 물론 잘못이 없는 일을 잘못이 있다고 거짓말하면 안 된다. 이것은 당연히 바로 잡아야 할 것이다.

최근 우리나라 정치를 살펴보면 참으로 참담하다. 이 나라에 계속 살아야 하는가 하고 반문할 때가 한두 번이 아니다. 먼저 한나라당을 보면 한심하기 짝이 없다. 대통령이 공개적으로 알박, 즉 배신하지 않는 사람을 찾는 것은 본말이 전도된 현상이다.

역사 이래로 임금이 신하를 고를 때 신중을 기하고, 믿을만한 사람에게 기용할 사람의 됨됨이를 자문 받는다. 공개적으로 나를 좋아하는 사람을 모집하면 간신배가 모이는 것은 너무도 당연한 이치이다. 대통령이 이것도 모른다면 무식하고 또 무식한 대통령이다. 결과는 어떠한가. 대통령과 신하는 모조리 감옥에서 헤매고 있다.

대통령이 구속되고 1년 쯤 지난 무렵 친박 국회의원이 친박이 아닌 국회의원을 매도하는 말을 많이 하는데, 정의도 모르고 공사도 모르는 한심한 의원들이다. 중죄가 성립된 대통령을 옹호하는 것은 정의롭지 못하고 공익에도 도움이 되지 않는다는 것을 모른다면 이 사람은 국회의원 자격이 없다.

내가 살고 있는 사회와 나 자신이 분리될 수 없다. 이러한 세상을 만드는데 나 자신도 기여하고 있다. 나는 아무런 잘못이 없고 다른 사람들이 잘못하여 이러한 사회가 되었다고 남만 탓하면 아니 될 것이다. 수행을 열심히 하고, 주위 사람들을 설득시키고, 좋은 세상 만들기에 적극적으로 동참하고 행동해야 될 것이다.

인간의 삶 속에서 돈은 결코 만능일 수 없다. 가족과 이웃의 따뜻한 사랑 없이는 인간의 삶에 기본적인 요소가 사라지크로 불행한 삶이 반드시 도래할 것이다.

한국은 어릴 때부터 정규교육을 비롯한 사교육에 치중하고 국제적으로 대졸자가 많은 나라이다. 하지만 바로 그 교육이 잘못되어 끔찍한 범행들과 각종 범죄들이 증가하고 있다. 2018년, 초·중·고교 학교폭력 대책 자치위원회의 발표에 의하면, 매년 학교폭력 건수가 점점 증가하고 있다고 한다. 폭력 내용을 보면 언어폭력이 34.7%로 가장 많고, 집단 따돌림이 17.2%, 신체폭행 10%, 사이버 폭력 10.8%, 기타 폭력 25.5% 순으로 나타났다. 여기서 학교폭력이 다른 나라에 비하여 월등히 많이 생기고 있다는 것이 문제로 등장한다.

그러니 지금부터라도 인성교육에 중점을 두고 연령에 맞는 인성교육을 시켜야 한다. 현재 교육으로는 아이들의 인성교육이 되지 못한다. 학생들이 어른을 공경하고 동료를 아끼는 것은 자기에게 유익한 인성교육이며, 남을 기쁘게 하는 차선적인 결과도 함께 따라올 것이다.

우리나라 국민들 중 재산, 즉 돈에 대한 올바른 지식을 가진 사람이 드물다. 돈은 벌어서 쓰고 죽어야지, 자식에게 전부 물려주어선 안 된다. 그런 경우 자식은 교만해지고 결과적으로 불행해지는 경우가 많다. 또한 상속재산은 세금을 공제하고 50%만 상속하고 나머지 50%는 사회에 기증하는 것이 올바른 생각이다.

반성이 쉬운 것은 아니다. 개개인의 반성 능력에 따라 어떠한 사안(事案)은 다른 사람이 판단할 때 반성해야 할 사안이지만 본인은 반성해야 할 사안이 아니라고 판단하는 경우가 많을 것이다. 이러한 경우의 잘못된 판단을 줄이기 위하여 여러 가지를 배우려고 노력해야 하고, 좋은 벗을 사귀려고 노력해야 하는 것이다. 이것 역시 반성에서 나오는 것이다.

선진국이 되려면 경제수준과 문화수준이 조화를 이루어야
한다. 어느 한쪽만 충족하여서는 결코 선진국이 되지 못한다.
도덕적 수준이 낮아도 경제적 수준이 일시적으로 높을 수는
있으나, 그 수준이 유지될 수는 없는 것이다. 도덕적 수준이
낮고 경제수준만 높으면 타락한 국민이 많아지고, 타락한 국
민이 많아지면 경제도 후퇴할 수밖에 없기 때문이다. 타락한
국민은 향락을 즐기고 노동을 기피할 테니까.

현재 우리나라 역시 경제를 비교우위에 놓고, 그것에 매몰
되어 도덕적으로는 후퇴하고 있는 실정이다. 도덕성은 인간의
근본이며, 도덕성을 망각하면 사회는 지옥으로 변할 것이다.
개개인의 성공도 도덕성이 바탕이 되어야 한다. 개인이 부도덕
하면 성공의 길로 갈 수 없기 때문이다.

우리나라 사람들이 도덕이 무엇인지 모르는 것인지, 아니면
알고도 실천하지 않는 것인지는 알 수 없다. 하지만 도덕적 국
가를 만들 때, 나라의 지도층과 지식층의 책임이 매우 크다.
현재 우리나라는 지도층과 지식층이 부도덕한 행위에 앞장서
고 있는 경우가 많다. 국무총리를 선정하거나 장관 등 국가요
직에 책임자를 선정하기 위한 청문회를 보면 지식층과 지도층
이 얼마나 썩어 있는지를 알 수 있다. 이것은 고스란히 국민에
게 공개되고 있고, 국민뿐만 아니라 세계에 공개되어 국제적

망신이 되고 있다.

하지만 왜 이렇게 되었는지 고찰하고 이것을 고치려 하는 노력이 전혀 보이지 않는 것이 더욱 문제일 것이다.

문제의 해결을 위해선 국민 모두가 대오반성(大悟反省)을 해야 한다. 이 문제를 해결기 위해 필요한 것은 자본이 아니다. 도덕적 교육이다. 그렇다고 별도의 교육 기관이 필요한 것도 아니다. 현재의 교육 기관을 활용해도 충분하다. 어디까지나 학습시간과 내용만 수정하면 된다. 세부적으로는 유치원부터 고등학교까지 도덕교육을 중점적으로 가르치는 것이다. 아이들의 인성(人性)에 따라 교육시간을 배정하고, 인성과 연령에 따라 적합한 도덕 교재를 개발하는 등 중점적 교육이 필요하다.

이런 식으로 도덕교육을 하면 교재비만 추가로 들어가고 다른 비용이 필요하지 않다. 본 이론의 도덕교육이 완성되면 국가 예산이 20% 이상 절감될 것이다. 경찰이 절반으로 줄고, 다른 공무원도 줄어들 것이며, 이를 통해 1백조 원이 넘는 국가예산이 절약될 것이다.

학부모들은 도덕 교육에 시간을 많이 투자하면 다른 교육시간이 짧아 수험 등에 지장을 초래할 것으로 생각할 수 있는데 이것은 잘못된 생각이다. 높은 사람을 뽑을 때 이름을 올리는 자들 중 결격자가 많은 것을 지금도 보고 있지 않은가.

잘못된 교육의 결과를 보고 있는 지금, 반성하지 않으면 안 될 것이다.

진리를 가르치고, 도덕을 가르치고, 인간의 기본을 가르쳐야 한다. 도덕적인 기본이 되어 있어야 다른 학문도 필요하게 된다. 기본이 잘못되면 인생 전체가 잘못되기 때문이다. 사회 전체에 인간 기본교육이 절실히 필요한 시기이다.

불교 예불에 108 참회(懺悔 - 반성)를 매일 아침·저녁 하루 두 번씩 염송한다. 아래는 108가지 참회 진언 내용을 요약한 것이다.

1. 불법을 배우지 않는 것
2. 나는 무엇인가를 생각하지 않는 것
3. 자기의 몸을 자연이치에 맞는 건강한 생활을 하지 않는 것
4. 조상과 이웃 친척들에게 감사하지 않는 것
5. 의식주(衣食住)에 감사하지 않는 것
6. 성냄 어리석음 원망 이간질 비방 등에 반성하지 못한 것
7. 지구 물 공기 등 자연을 더럽힌 것
8. 자비 수행 부족한 것
9. 위와 같은 뜻을 세분화 하여 108가지로 만든 것

인간의 심리를 분석하면, 우리는 하루도 반성하지 않고 사는 경우가 없다. 모든 행동은 반성으로부터 시작된다. 음식을

먹으려고 할 때 어떠한 것을 먹어야 할까 하고 음식의 종류를 머릿속에 떠올리며 이것저것 비교해 본다. 이러한 행위가 반성이다.

이러한 이론은, 인류가 첨단과학으로 이루어놓은 발전 모두가 반성을 토대로 이루어졌다는 사실을 증명하고 있다.

과학문명이 급속도로 발전하면서 인간의 마음은 탐욕과 교만으로 변질되어 가고 있다. 앞으로도 과학문명은 발전해 나갈 것이고, 그에 따라 인간의 탐욕과 교만은 더욱 높아질 것이다. 이는 의심의 여지가 없다.

조상들은 인간에게 나쁜 업이 되는 줄 모르거나 알면서도 상업화를 합법적으로 장려하랬다. 이렇게 살아온 조상의 유전자가 악업 쪽으로 기울어 악업을 짊어진 자녀가 태어났고, 그 결과 오늘날과 같이 나쁜 업(業)에 의해 인류 사회가 흉악한 범죄로 가득한 사회가 되었다. 더불어 일반 범죄도 늘어나 불안한 사회로 발전하였으며, 현재도 수많은 범죄가 발생해 교도소가 가득차게 되었다.

우리나라 국민들이 지금 이대로 살아간다면, 후진국으로 전락할 위험이 대단히 높다. 우리는 지금 사회적 불안·불신의 지수가 점점 증가하고 있는 사회에 살고 있으며, 부익부 빈익빈이 극대화 되는 사회에 살고 있다. 이러한 사회는 후진국이 될 수밖에 없는 현상을 낳는데, 그런 현상이 현재 나라 곳곳에 나타나고 있다. 또한 음식문화가 잘못되어 환자가 넘쳐나는 국가로 빠르게 바뀌고 있다.

　현재 우리들은 교만과 탐욕으로 살아가고 있다. 이러한 마음가짐으로는 적선을 하기가 매우 어렵다. 또한 적선을 알지도 못하는 경우와 알아도 믿지 않는 경우에는 어리석음으로 불행하게 살다가 죽을 수밖에 없다. 우리들이 일상생활에 가장 중요하게 반성해야 할 것은 다음과 같다.

　첫째, 방일(放逸). 허송세월(虛送歲月)을 보내거나 시간을 낭비한 것을 반성하여야 한다. 시간은 인간이 성공할 때까지 기다려 주지 않는다.
　둘째, 진리의 고마움에 대한 반성. 지구가 있고, 물이 있고, 태양이 있고, 바람이 있어 내가 살아갈 수 있다는 것. 또한 남이 있어 남자는 여자를 만나고, 여자는 남자를 만나 부모가 되고 아이가 태어난다. 이 모든 것들에 대해 감사해야 한다.
　셋째, 적선. 행동으로 진리를 모르는 사람에게 가르치고, 재물을 나누어 주고, 몸으로 다른 사람의 일을 도와주는 마음가짐을 가지고 있는가. 또 그런 행동을 하고 있는가에 대한 반성을 해야 할 것이다.

　종교를 믿는다는 것은 자기 반성을 반복하여 올바른 생각과 올바른 행동을 하는 것이다. 반성이 약하거나 반성을 하지 않으면 종교를 믿어도 소용없다. 소금포대가 부엌에 쌓여 있어도 음식에 넣지 않으면 소용없는 것과 같은 이치일 것이다.

우리는 많은 시간을 TV 방송 프로그램을 보면서 생활한다. 방송 중에도 나에게 나쁜 것과 좋은 것이 공존한다. 나쁜 것인 범죄, 마약, 도박사기 같은 뉴스를 많이 보고 물들면 불행에 가까워지고, 교양에 좋은 종교 프로그램이나 좋은 뉴스를 많이 보고 반성하면 행복에 가까워 질 것이다.

2011년 한국의 모 신문사 특파원이 일본으로 이사를 가서 생활하는데 같은 건물 1호에는 특파원의 가족이, 2호에는 일본인 가정 살게 되었다. 각 가정에 5세 되는 자녀가 있어 매일 함께 놀면서 장난도 치고 친해졌고, 그 덕분에 하루는 아이 엄마 두 분이 아이들을 데리고 백화점에 가게 되었다.

아이들은 좁은 집에만 있다가 백화점에 가게 되어 신이 났다. 그래서 두 아이는 소리를 지르며 장난을 치게 되었다. 일본인 엄마가 장난을 그만하라고 한 번 주의를 주었다. 그래도 아이들은 들은 체 만 체 계속 장난을 쳤다. 그러자 일본인 엄마가 달려가 자기 아이의 뺨을 힘차게 내리쳤다. 한국인 엄마는 정신나간 듯 쳐다만 보고 있었다.

여러분들이 잘 알고 있는 2차 세계대전에 일본이 망하여 맥아더 장군이 일본을 둘로 쪼개려고 일본인들을 설득하여 보니 죽어도 일본은 하나로 산다고 하여 나눌 수 없었고 한국은 둘로 나누어 육이오 참상의 비극을 당했다.

 중국 불교는 1세기부터 1921년 공산당이 창당하기 전까지 성행하다가 공산당이 창당하면서 불교를 비롯한 모든 종교를 금지하는 종교금지 국가가 되어 90년간 속세와 단절되어 왔다. 하지만 10년 전부터 공산당 정부가 불교를 장려하는 쪽으로 정책을 수정했고, 현재는 불교를 장려하고 있다. 이렇게 하는 이유가 무엇일까? 첫째 사회 안정에 도움이 되고, 둘째 국민의 인격을 높이는 중요한 역할을 하기 때문이다.

인도의 불교 명상 행복수업

 불교식 명상을 하는 일명 '행복수업'이 인도의 공식 교과과목으로 채택됐다는 뉴스를 봤다. 불교하면 인도라고 생각하는데, 부처님은 현대 네팔에 속하는 곳에서 탄생하셨다. 인도는 힌두교도가 매우 많으나, 그 밖에도 여러 종교가 있다. 그중 불교를 믿는 신자들은 약 5천만 명 정도 되는 것으로 보고 있다. 이러한 상황에서 불교 명상을 정식 교과목으로 선택되는 것이 이채롭다.
 불교의 명상을 토대로 한 '행복수업'이 인도 수도권 델리지구의 공식 교육과목으로 채택된 것이다. 이 행복수업은 티베트의 불교 지도자 달라이라마가 오랫동안 제안한 것으로, 우리나라 교육과정에 비유하면 유치원부터 중학교까지 진행된다. 현재 해당과목은 라디오와 TV등을 통하여 홍보되고 있다.

한두교 국가인 인도가 타종교인 불교의 명상을 받아들이는 너그러움을 보여준다. 필자는 이것이 참으로 부럽게 느껴진다. 필자가 생각하기에 이 교육이야말로 물질만능주의에 흔들리는 청소년을 바로 잡을 수 있는 유일한 방법이기 때문이다.

우리나라도 시급히 인간 본성의 교육을 중시하는 제도를 반드시 도입해야 한다. 필자가 오래 전부터 인성교육의 대안으로 생각한 것이 있다. 종교계가 모임을 갖고 학생들에게 가장 적합한 종교관 속 인성교육 내용을 선정하여 교육하는 것이다. 이러한 교육이 일찍 자리 잡았다면 지금과 같이 혼란한 사회가 아니고 희망 찬 사회가 되었을 것다. 물론 소득수준도 높아졌을 것이고, 범죄율은 90%나 감소되는 효과가 있을 것이다.

부탄왕국

국토가 한국의 5분의 1정도 되는 나라이다. 인구는 총 71만 명이며 히말라야 산 중턱에 위치하고 있으며 문맹률이 남자 40%, 여자 66%로 높은 편이다. 연간소득 역시 5,500달러로 세계 하위권 수준에 머물러 있다.

하지만 정신적 행복지수는 세계1위를 차지하고 있는 국가로, 학력이 높고 소득이 높아야 행복한 줄 알고 돈을 탐하여 거짓말과 사기를 치는 이가 많아 감옥이 모자라는 우리나라 국민의 입장에선 행복에 대한 정의를 다시 생각해 보게 만드는 나라이다.

13

취미를 잘못 선택하면 큰 악이 된다

애완동물

  우리나라 사람들은 애완동물을 많이 키우고 있다. 그 때문일까. 애완견이 사람을 물어 죽이는 일이 종종 일어나고 있다. 이러한 경우 현행법으로는 큰 죄를 물을 수 없는데, 이러한 사건은 법을 떠나 자기의 취미로 남을 죽이는 행위는 크나큰 죄악이 될 수밖에 없다. 특별한 주의가 필요할 것이다. 작은 강아지이든 큰 개이든 목줄을 채우고 나와야 한다. 하지만 그렇게 주의를 해도 다른 사람이 옆을 지나가면 큰 소리를 내면서 짖는 경우가 있다. 이에 깜짝 놀라는 사람이 많은데, 이것도 작은 죄악이다.

또한 단독주택이 즐비한 곳에서 마당에 큰 개를 키우는 집의 경우, 밤낮으로 사람이 지나가면 개가 큰소리로 짖는다. 주위 사람들이 수면에 방해가 된다고 항의해도 자기의 자유라고 우기며 키우고 있다. 주간에 업무를 마치고 밤에 잠을 자야 하는데 여름날 창문을 열어 놓으면 잠을 청할 수가 없다. 또한 도심 속 작은 공원에 가면 새벽이나 밤중에 개를 대리고 나와서 개가 공원길에 용변을 보도록 하는 사람을 흔히 볼 수 있다. 남이 안보는 사이에 이러한 짓을 한다.

이렇게 애지중지 애완동물을 기르다 실증이 나면 버리는 경우도 있고, 병든 애완동물을 치료하는 대신에 버리는 등 각종 죄를 짓는다. 이 모든 것이 악업이 되는 것은 당연하다.

애완동물을 기르는 비용은 결코 만만치 않다. 애완동물을 기르는 사람은 애완동물을 기르기 위해 쓰는 비용의 일부라도 어려운 사람을 위해 사용하는 양심을 가져야 할 것이다. 모든 사람은 자기가 부인이나 남편으로 맞이하기 전까지는 남남이며, 사위도 며느리도 반드시 동성동본이 아닌 남을 맞이해야 하기 때문이다.

부모의 운명이 나빠지면 자녀의 운명도 반드시 나빠진다. 사소한 취미가 악이 되어 자기의 운명과 자녀의 운명을 나쁘게 만들고 있음을 모르고 살아가는 사람들이 한심스럽기도 하다.

낚시

우리나라 사람들은 낚시를 많이 하는데, 생업으로 낚시를 하는 것은 이해가 되지만 취미로 낚시를 하는 건 좋지 못하다. 살아 있는 생명을 바늘로 찔러 잡는데, 이것은 바람직하지 못한 행동이다. 도심의 좁은 공간에 물고기를 가두어 두고 낚시를 하는 것은 더욱 좋지 못할 것이다. 자연 공간에서 활발하게 살아가는 물고기에게도 자유는 있는 것이다.

낚시에 중독된 사람은 곧은 낚시로 유명한 중국 강태공을 생각해보기 바란다. 곧은 낚시는 꼭 고기를 잡을 이유가 없다.

현명한 사람은 악업이 되는 취미를 선택하지 않고 선업의 취미를 선택할 것이다. 가장 큰 선업은 남을 도와주는 것인데, 이것은 잘되지 않는다.

가장 좋은 취미는 남을 돕는 취미로 봉사활동이다. 그 다음은 책을 읽는 취미, 등산, 공원산책 등이다. 등산이나 산책을 할 때는 휴지나 쓰레기 등을 주어서 휴지통에 버리는 작은 일을 실천하고, 염송을 열심히 하여 큰 적선을 실천할 수 있는 마음으로 좋은 취미를 선택하는 것이 현명하다.

14

운동 중 최고는
절하는 것

인간에게 첫째로 중요한 것은 건강일 것이다. 건강하지 못하면 인생 대부분이 어려움에 처한다. 몸 없는 마음은 있을 수 없고, 마음 없는 몸은 역시 있을 수 없다. 마음 없는 몸은 흔히 말하는 식물인간이다. 건강한 몸을 유지해야 좋은 생각이 떠오를 것이다.

절하는 행동을 불교에서 많이 활용하지만, 동양에서는 불교가 시작되기 전부터 절을 해온 것으로 생각된다. 관혼상제 등 각종 행사에서도 절을 하였고, 신에게 기도할 때도 절을 했을 것이다. 불교에서 절을 활용하여 수행을 하는데는 과학적 의미가 있다. 자기의 몸을 구부려 자기 생각을 겸손과 감사의 뜻으로 교주에게 표하고, 좌선(坐禪)으로 굳어 있는 몸을 풀어주는 일석이조의 유익함을 활용한 것이다.

종교와의 관계를 생각하여 타 종교라는 이유로 절을 배척하는 것은 매우 잘못된 생각이다. 절하는 행동은 운동으로 생각하는 게 좋다. 자기 방 안에서 간단히 할 수 있고, 일체의 기구를 사용하지 않으며, 짧은 시간에 가장 효과적인 운동임이 확인되었기 때문이다.

근래 TV방송에서 운동으로 절을 시킨 실험결과를 살펴보면, 걷기나 조깅, 요가, 체조 등 몇 가지 운동과 똑같은 시간 동안 시키고 체열영상(體熱映像)을 분석하여 비교한 결과 절을 하는 것이 몸에 최고로 좋다는 결론이 났다고 발표했다. 또한 정신적 집중으로 뇌 운동까지 하게 된다고 한다. 이처럼 절이 모든 운동의 왕이라는 사실이 증명되고 있다.

절을 11분 동안 54회 정도하면 한겨울에도 머리 밑과 이마에 땀이 나기 시작한다. 아주 격렬한 운동이 아닌 이상 조깅이나 걷기, 체조 등을 포함한 대부분의 운동 중에서 11분만에 땀이 나는 운동은 없다. 절을 하면서 흘린 땀은 한증막에서 흘리는 땀과 비교되지 않는다. 건강에 유익한 땀을 빼는 것이다. 한증막에서 빼는 땀은 몸 밖에서 가열한 결과 나는 땀이고 절하는 땀은 몸속에 열을 가하여 빼는 땀이다.

절을 할 때는 마음가짐이 중요하다. 그냥 의미 없이 절을 하는 것과 기도하는 마음으로 절하는 것은 큰 차이가 있을 수밖에 없다. 마음은 행동의 원천이므로 좋은 생각을 하고 절을 하면 그만큼 효과가 클 것이다. 자기가 염원하는 생각을 먼저 떠올리고 절을 하면 될 것이다.

절을 몸만 구부려 하면 되는 줄로 착각하는 사람이 많은데, 올바른 절을 하기 위해서는 주의해야 할 점이 많다.

첫째, 진리에 감사하는 마음으로 미소 지으면서 절을 해야 한다. 미소를 지어야 긴장이 풀리고 몸이 유연해진다.

둘째, 양 발을 10㎝ 정도 벌리고 허리를 구부리면서 왼쪽 손을 땅에 먼저 짚고 다음에 오른손을 짚어야 한다.

셋째, 오른발이 왼발 발바닥 중간에 포개지도록 하고 엉덩이는 최대한 낮추어야 한다.

또한 머리는 땅에 닿지 않도록 하고, 손바닥은 하늘로 향하도록 해야 하며, 손바닥을 들어 손목에 귀가 닿도록 올려야 한다. 손을 이렇게 하는 이유는, 절이 진리를 존경하고 받들어 모신다는 행동이기 때문이다.

아침 5시부터 7시까지, 저녁 9시부터 10시 30분까지가 절하기에 가장 좋은 시간이다. 밤에 잠을 자는 동안에 우리 몸은 얕게 숨을 쉬며, 심장은 약하게 뛰어 혈액순환이 잘 안되고 노폐물이 몸에 쌓이며 기 순환이 약해지게 되어 있다.

아침에 일어나 절을 하면 건강한 일상에 시작이 좋은 출발을 하게 되는 것이며, 저녁에 절을 하면 하루 일과를 돌이켜 보고 진리에 감사한 마음으로 절을 하게 된다. 이 경우 악몽을 예방할 수 있고 깊은 잠을 자는데 많은 도움이 될 것이다.

일부 불교 사찰에서 오채투지를 권하고 있는데, 이는 고대 인도에서 행해지던 예법 가운데 상대방의 발을 받드는 접족례(接足禮)에서 유래한 것이다. 자기 자신을 무한히 낮추면서 불·법·승에게 최대의 존경을 표하는 방법이다. 양 무릎과 팔꿈치, 이마 등 신체의 다섯 부분이 땅에 닿기 때문에 이런 이름이 붙었다.

오채투지는 상당히 무리가 가는 동작이기에 아무나 하기에는 적합한 운동이 될 수 없다. 또한 장소와 공간을 많이 확보해야 하기 때문에 불편이 많으므로 효율적이지 못하다.

15

사찰음식도
일반음식도
잘못되어 있다

'나'라고 하면 몸을 가리키는 말이다. 나라고 하는 몸은 반드시 음식으로 존재한다. 음식하면 밥인데, 동양에서는 주식(主食)이다. 밥하면 오곡(五穀)으로 쌀, 보리, 밀, 콩, 수수다. 이 중에서 쌀이 90% 이상 소비된다. 우리나라 쌀 소비량의 10% 정도는 현미이고 나머지 90%는 백미이다. 그런데 백미는 잘못된 쌀이다.

벼에서 왕겨를 벗기면 현미(玄米)가 되고, 한 번 더 도정하면 3분도미, 두 번 도정하면 5분도미, 세 번 도정하면 7분도미, 네 번 도정하면 9분도미, 다섯 번 도정하면 영양소가 80%나 손실된 11분도인 백미(白米)가 된다. 백미는 똑같은 조건에 보관하여도 영양 손실이 5분도미보다 2배나 더 많고 변질도 쉽게 된다. 특히 불가에서 수행하시는 스님들은 육식을 하지 못하기 때문에 일반인보다 해로움이 매우 크다.

영양이 대부분 손실된 백미는 성인병의 원인이 되어 수행에 막대한 지장을 초래한다. 한자인 기(氣) 자를 보면, 기운 기(氣) 자 안에 쌀미 자가 들어가 있는 것을 볼 수 있다. 이처럼 쌀은 기운의 원천으로 생각되고 있는데, 정작 우리는 백미로 기운이 없는 밥을 먹고 있다. 백미의 역사는 고작 70년에 불과하며, 우리는 수천 년 동안 5분도미를 먹고 살았다.

벼는 중국에서 5천 년 전에 재배하였다는 증거가 무덤 속에서 확인되었고, 우리나라도 벼를 재배한 지 3천 년은 넘었을 것으로 예상 된다. 반면 백미가 탄생한 것은 약 70년 전으로, 도정(搗精) 기계가 일본에서 들어와 사용되기 시작하면서다. 도정기계가 들어오기 전에는 물레방아나 디딜방아, 절구를 사용하여 벼를 찧어 쌀을 만들었는데 현재 기계도정의 5분도 이상은 찧을 수 없었다. 그 전에 쌀이 반 토막나기 때문에 백미를 만들 수 없었다고 한다.

밀도 밀가루를 만들 때 밀기울을 버리는 방식으로, 대부분은 흰 밀가루를 사용한다. 이는 백미보다 더욱 해롭다. 통밀을 분쇄하여 사용하여야 할 것이다. 백미나 흰 밀가루 음식은 만병의 원인이 된다.

　종교 신문에서 '다이어트 전쟁 선포한 태국 스님들'이라는 제목의 기사를 썼다. 다른 나라의 잘못을 논하는 것은 그 나라의 허물을 보고자 함이 아니라 이를 통해 교훈을 얻고자 하는 뜻일 것이다.

　기사 내용을 요약하면 태국 스님들은 매일 아침을 일반인들에게 얻어먹는 탁발을 하는데, 스님들에게 올린 음식들이 서구화되면서 비만에 걸린 스님들이 급증한 탓에 스님들이 다이어트에 들어간다는 것이다. 원인은 탁발한 음식을 먹지 않을 수 없는 조건에 있다. 불교시자가 95%이며 태국 스님들은 오래 전부터 탁발로 1일 2식을 하며 수행해왔는데, 탁발 음식에 스낵과 가공음료가 늘었다는 것이다. 게다가 오후에는 불식을 하기 때문에 배가 고프면 가공음료를 자주 마시게 됐다고 한다.

　상황이 이러다 보니 태국 당국은 승려들의 건강한 음식섭취를 권고하기 위한 수업과 출판물을 만들어 개도하고 있다. 하지만 신도들이 제공하는 음식물을 거절할 수도 없는 노릇이라, 스님들은 마땅한 대책 없다고 하소연 하고 있다.

　사람의 몸은 음식으로 존재하고, 마음은 몸에서 생겨난다. 병약한 몸에서는 좋은 생각이 일어나기 어렵다. 불교에서 음식을 가려서 먹도록 계율에 포함시킨 것은 의학적이고 과학적이라는 것이 현시대에 증명되고 있다.

인간의 장수(長壽)를 향한 욕망은 끝이 없다. 누구나 장수를 바라고, 노력하고, 투자한다. 그런데 장수를 바라면서 한 행동이 질병을 불러들이는 경우가 많다. 오래 살아도 건강하게 오래 살아야지, 건강하지 못하고 질병에 시달리며 오래 사는 것은 바람직하지 못하다.

최근 여러 방송사들은 요리해서 먹는 것을 메인 아이템으로 삼은 프로그램을 방송하고 있으며, 중간에는 광고로 입맛을 부추긴다. 뷔페식당에서는 수백 가지 음식을 준비하고 먹는 양에 제한을 주지 않음으로써 과식을 하는 공장으로 전락하고 있다. 거리에는 가공식품과 음식재료들이 넘쳐나고, 집집마다 냉장고를 몇 대씩 두고 식품을 가득 채워 밤낮을 가리지 않고 간식과 폭식을 한다. 아이, 어른 할 것 없이 뚱보가 되는 시대로 변하여 뚱보 천국이 되어 가고 있으며, 비만으로 인한 각종 질병 때문에 병원은 만원이고 의료보험 지출은 날로 증가하여 파탄날 날이 얼마 남지 않았다.

과유불급(過猶不及), 넘치는 것은 모자람보다 못하다. 어른들도 음식을 자제하기 어렵고 아이들은 더욱 어렵다. 부모는 배가 터지도록 먹으면서 아이들에게는 적게 먹으라고 할 수도 없다. 어른 아이 할 것 없이 과식을 하다가 병에 걸리는데, 정작 자신이 병에 걸린 줄도 모른 채 살아간다. 의학적으로 분석한 결과, 과식을 하면 위장에 많은 혈액이 머물게 되면서 뇌로 향하는 혈액이 부족해져 뇌기능이 저하되는 것으로 확인되고 있다.

음식의 질도 떨어지고 있다. 가공식품에 들어가는 화학첨가물은 그 종류만 수백 가지로 무엇에 무엇을 첨가하는지 알 수조차 없다. 또한 가정이나 공장에서 생산되는 음식들은 설탕, 물엿, 조청 등 당분을 과다하게 사용하고 있고, 매실이나 여러 원료로 효소를 만든다고 설탕을 사용하고 있다. 이것은 매우 잘못된 행동이다.

우리나라는 60~70년 전만 하여도 대부분의 가정에 설탕이 없었다. 지금은 설탕이나 물엿, 꿀을 사용하지 않으면 음식의 맛이 없어 먹지 못하는 시대가 되었다. 특히 생후 어머니의 젖을 먹이지 않고 분유에 설탕을 타서 먹이고, 밥맛이 들기 전에 사탕이나 초콜릿 등 당분에 길들여진 결과 당뇨 환자가 급증하고 있다.

현대는 농업기술이 발달하면서 과일의 당분을 높여 출하하는 등 당분 과잉 시대이다. 부모들이 당분을 많이 사용한다는 것은, 돈을 써가면서 자식들에게 병을 심어주는 꼴이다.

인체가 일생 동안 소비하는 당분은 지금 섭취하고 있는 양의 절반 이하인 것으로 보인다. 우리 조상들은 오랜 시간 동안 설탕 없이 살았으며, 신체의 구조를 살펴봐도 설탕을 소화시키기 위한 췌장이 다른 기능을 하는 기관보다 작게 형성되어 있다. 이러한 현실을 증명이라도 하듯, 당뇨병 환자가 급속도로 늘어나고 있다. 당뇨병의 최대의 적은 과식이다.

먹을 것이 넘쳐나는 지금, 음식 섭취에 관한 공부를 하지 않으면 반드시 불행하게 살게 되어 있다. 인간은 교만한 동물이라 자기의 잘못을 감추려고 하며, 실제로도 많이 감추고 살아간다. 또한 어리석게도 자기가 잘못된 식생활을 하면서도 잘못하는 줄 모르거나, 알면서도 정당화여여 자기에게 유리한 생각만 하면서 살아간다.

인생의 목적이 음식을 탐닉하면서 살아가는 것이라면, 그것은 결코 정당화될 수 없는 목적이다. 수십 년 전만 해도 철없는 아이가 음식을 많이 먹으면 "식충(食蟲 - 음식 벌레)이다."라고 하였다. 과식을 하면 두뇌의 활동이 저하되어 벌레처럼 본능적인 기능밖에 되지 않기 때문에 붙여진 이름일 것이다.

우리는 육류 소비량은 증가하는 반면 쌀 소비량은 감소하여 쌀이 남아돌아 보관조차 어려워진 시대에 살고 있다. 육류를 먹지 말자는 것은 분명 틀린 말이다. 육류에 들어 있는 영양소는 건강유지에 매우 중요하다. 어디까지나 육류를 자주 많이 먹는 것에 문제가 있다.

건강한 삶을 살기 위한 식습관은 육류를 1주일에 한두 번 정도 먹는 것이며, 먹는 양도 1회에 50g이 적절하다. 하지만 지금 식당에서 1인분을 주문하면 200g이 나오며, 한 번에 2인분 먹는 사람이 대부분이다. 또한 매일 육류를 섭취하는 사람이 많다.

　음식을 먹는 속도로 따지면 우리나라 사람들이 세계1위일 것이다. 이와 같이 빨리 먹는 습관은 군대에서 비롯되었다. 지금은 잘 모르나, 40~50년 전에는 5분 이내에 한 끼 식사를 마쳐야만 했다. 조금이라도 늦으면 다 먹지 못하고 일어나야 했기 때문이다. 식사량이 적어 항상 허기진 배에 음식을 남긴다는 것은 있을 수 없으므로, 밥을 국에 말아서 마셔버린다. 이러한 습관이 제대 후에도 그대로 유지되어 음식을 빨리 먹게 되었다. 부모가 빨리 먹으면 자녀들도 따라서 빨리 먹게 되고, 이는 치아 건강과 위장건강에 나쁜 영향을 주기 때문에 반드시 고쳐야 할 것이다.

　우리는 장수(長壽)의 시대에 살고 있다. 주식인 쌀은 7분도미를 쓰고 콩, 조, 보리 등 자기 체질에 맞는 잡곡을 적당히 사용하며, 혈압이 높은 경우 찬 음식재료를, 반대로 혈압이 낮으면 따뜻한 음식재료를 사용하면 장수하는데 도움이 될 것이다. 혈압 검사는 약국, 병원, 구청 등 여러 곳에서 무료로 할 수 있다. 여러 가지 음식원료에 대하여 공부하고 잘 사용할 수 있는 시대이다. 인터넷에 고급정보가 많으므로 마음만 먹으면 얼마든지 할 수 있을 것이다.

우리나라 농산물은 과학발전으로 많이 개량되어 왔고, 앞으로도 많이 개량될 것이다. 수많은 종류의 화학 영양제가 개발되어 농산물 재배에 사용되고 있고, 이렇게 재배된 농산물들이 소비자의 눈과 혀를 속이고 있다. 크고, 빛깔이 예쁘고 당도가 높다면 잘 팔린다. 유리온실에 수경재배(水耕栽培)할 때 온갖 영양제를 물에 혼합하여 재배하고 있는데, 이렇게 재배한 농산물은 무공해라는 이름을 달고 고가에 팔린다. 자연의 이치를 모르면 돈을 써가면서 몸을 해롭게 하는 경우가 있다.

우리나라 사람들 중 과일을 제대로 선택하여 구입할 줄 아는 사람이 거의 없다. 대부분의 사람들이 과일의 알이 크면 좋은 줄 알고 있어서, 같은 종류의 과일을 고를 때 큰 것을 고른다. 하지만 과실이 큰 과일은 영양소가 낮다. 너무 작아도 좋지 않기 때문에 중간 크기의 과일을 선호하여야 한다. 국민들이 같은 종류의 굵은 과일을 선호 하다 보니 농가에서 영양제나 물을 너무 많이 주어 크기에 중점을 두고 재배한다.

그런데 우리나라에서 재배한 방울토마토를 일본으로 수출하는데 큰 것과 작은 것은 수출을 못한다고 한다. 중간 크기의 방울토마토만 수출되는데, 일본 소비자들은 중간 크기의 과일을 선호하는 것으로 나타났기 때문이다. 작은 차이 같지만, 이런 국민의 지적 수준은 높이기 매우 어렵다. 개개인의 고정관념을 바꾸기 얼마나 어려운 것인지를 생각함과 동시에,

우리가 고정관념을 바꾸기 위해 얼마나 노력을 해왔는가에 대한 반성을 해야 할 때이다.

　우리들이 일상적으로 많이 소비하는 부식(副食)들도 자기나 가족들의 체질에 맞는 종류를 선택하여야 한다. 몸이 차가운 사람은 더운 성질을 가진 식품을 많이 사용하고, 몸이 뜨거운 사람은 차가운 종류의 식품을 많이 사용하여야 한다. 따뜻한 기운을 지닌 식품으로는 부추, 마늘, 생강, 돼지고기, 닭고기 등이 있고, 반대로 차가운 기운을 지닌 식품은 오이, 가지, 오리고기, 소고기 등이다. 어느 쪽에도 속하지 않는 식품으로는 배추 무 당근 양배추 등이 있다.

　이러한 식품 원리는 반드시 지켜야 하는 것은 아니지만, 이런 지식을 알고 사용한다면 가정 건강에 큰 도움이 될 것이다.

16

행복幸福

탐욕(貪慾)은 지나친 허욕이며, 욕망(慾望)은 하고자 하는 일을 바라는 마음일 것이다.

현대의 부자들은 잘못된 탐욕으로 돈을 모으고 있으며, 탐욕으로 모은 돈을 나눌 줄도 모르기에 원인도 잘못되고 결과도 잘못되어 부자도 가난한 사람도 모두가 불행한 사회 속에 살고 있다.

행복을 원하지 않는 사람은 없을 것이다. 그러나 행복이 무엇인지 물으면 정확한 답을 하는 사람은 드물 것이다. 자기 마음에 만족이 있어야 행복이 있다. 현재 우리들은 행복은 돈에 있다고 착각할 수밖에 없는 현실을 살고 있다. 모든 생활을 돈으로 하기 때문에 가난한 행복을 추구하는 일반인은 있을 수 없는 것이다.

우리들은 주로 행복을 가정생활에서 찾는다. 물론 가정에 행복이 없는 것은 아니다. 자녀가 학교에서 전교 일등을 했다거나, 가장이 회사에서 진급했다고 하면 순간적으로 만족하고 행복할 것이다. 그러나 이러한 것은 진정한 행복이 될 수 없다.

어디까지나 불안한 행복이다. 학업에서 1등을 달성하거나 사회적 진급은 완전한 행복을 보장하지는 못하기 때문일 것이다. 회사의 사업이 아무리 번창해도 사장은 물론 종업원까지 그 회사가 100% 안전하다고 생각하지 않기 때문에 진정한 만족을 이루지 못하는 것이다.

인생의 초년, 중년, 말년 모두가 행복해야 만족할 수 있을 것이며, 특히 말년에 행복하지 못하면 인생 전체가 행복하지 못한 것으로 볼 수 있다. 살아가면서 말년을 생각하고 준비하는 사람은 적을 것이다. 인간은 교만한 동물로, 지금 당장 돈이 많고 건강하면 이 모든 것이 죽을 때까지 이어질 것으로 믿는다. 실상은 생노병사의 원칙에 따른다는 것을 잊는 것이다. 아프지 않고 촛불의 초가 다 타서 사라지듯 고통 없이 생을 마감하는 이웃 사람들이 있다는 사실을 보기도 어렵고 듣기도 어려운 시대를 살고 있는 것이다. 모두가 병원에서 고통 속에

생을 마감하고 있는 현실이다.

행복해지고 싶다면, 행복이 무엇인지 알기 위해 노력해야 하는 것이 첫 번째 할 일이다. 행복은 만족에 있다. 그러나 인간은 만족보다 불만족에 가까운 마음을 가지고 있다. 부와 명예를 가지지 않을 때의 마음과 가지고 있을 때 마음이 달라지는 것은 인간의 본능에 가깝다.

소욕지족(少欲知足). 작고 적은 것에 만족하란 뜻이다. 문자의 4자처럼 간단하게 되면 참으로 행복할 터인데, 이것이 보통 어려운 일이 아니다. 견물생심(見物生心)이라는 말처럼, 좋은 물건이나 황금, 보석을 보면 가지고 싶은 마음이 생겨난다.

마음을 낮추는 방법은 하나뿐이다. 하지만 진리의 글을 보고 듣고 한다고 금방 마음이 변하여 겸손해지지는 않는다. 깊은 수행을 하여 겸손한 마음을 완전히 갖기까지 걸리는 시간은 사람의 성품에 따라 천차만별이다. 진언을 한번만 불러도 되는 사람이 있고, 10년 동안 열심히 불러도 잘 안 되는 사람이 있다. 그러나 이 방법 외에는 다른 방법이 존재하지 않는다.

만족은 마음을 낮추어 겸손해진 사람이 되어야 얻을 수 있다. 작은 것에도 만족할 줄 알고 자연과 이웃에 감사할 줄 아는 사람만이 만족함과 행복을 누릴 수 있는 것이다. 행복하기 위해선 건강도 매우 중요하다. 질병의 고통 속에서 행복을 느끼기는 어렵다. 때문에 건강에도 많은 노력이 필요한 것이다.

행복은 누구에게나 반드시 존재하며, 마음속에 존재한다. 불가(佛家)에서 "부처가 어디에 있습니까?" 하고 물으면 즉심시불(卽心是佛), 즉 "마음이 부처다."라는 답을 준다. 그렇다면 어떤 마음이 부처일까? 자비심이 곧 부처일 것이다. 남을 사랑하고 어려운 사람을 도와주고 하는 마음이 계속 일어나고 실천하며 적선(積善)하는 것이다.

행복은 행복한 습관(習慣)으로 이루어져 있다. 행복한 습관의 핵심은 사랑, 자비, 적선이며 탐욕, 교만, 고집 등은 불행의 습관이 된다.

살아가면서 속이 상하는 일이나 걱정되는 일이 많다. 그러나 마음을 자세히 분석해보면 속상하고 걱정하는 마음은 실체가 없다. 다만 우리가 생각을 하고 있을 뿐, 그 생각은 뿌리가 없기에 있다고 할 수도 없고, 결과적으로 몸을 상하게 할 이유도 없는 것이다. 평소 삶에서는 잘 되지 않으나, 많은 수행을 하면 쉽게 된다.

우리들은 어떠한 결정을 할 때에 우물쭈물할 때가 있다. 미국의 경영학자 피터 드러커는 "늦게 내려진 올바른 결정보다 빨리 내려진 틀린 결정이 낫다."고 했다. 모든 결정에는 때가 있는 법이다. 교육도, 투자도, 베푸는 것도 그렇다. 하지만 많은 사람들이 이리 재고 저리 재느라 결정하지 못하고 나중에 후회한다. 이러한 후회를 줄이고 올바른 선택을 하는 방법이 바로 바른 기도법이다.

세계적인 석학이라고 하는 파스칼은 인간이 행복을 느끼지 못하는 유일한 이유는 자기 방에 혼자 조용히 머물러 있는 법을 모르기 때문이라 했다. '행복하게 살기 위해서는 혼자만의 시간을 확보해야할 것'이라고까지 하였다. 그는 또한 '잘 살고 있는지, 소중한 일을 챙기고 있는지, 앞으로 무슨 일을 해야할지 등에 대해 차분히 생각해 보는 고독한 시간을 갖고 자신과 이야기할 수 있어야 진정한 행복을 느낄 수 있기 때문'이라고 하였다.

그러나 파스칼의 행복은 완전한 행복론이 될 수 없다. 그의 행복론은 혼자서 자신을 생각해 보고 있는 것뿐이며, 고독은 고독일 뿐이다. 만약 행복이라고 설명한다고 해도 진정한 의미의 행복으로 인정하기에는 미약한 것이다.

인간은 누구나 앞날에 대한 두려움을 가질 것이다. 먼저 이 두려움이 없는 연기(緣起)와 중도(中道 - 있는 것 없는 것에 치우치지 않는 것)의 진리를 알아야 하고, 이 진리의 가르침에 의지(依支)해야 물질을 나누어 줄 수 있다. 받은 사람이 다시 남에게 가르쳐주고 물질을 나누는 행동을 바라 볼 때, 높고 깊은 행복을 느낄 수 있을 것이다.

또한 인류는 자연에 감사해야 할 것이다. 땅과 물이 있어 감사하고, 태양과 바람이 있어 감사하다. 한 가지라도 부족하면 우리들은 살 수 없다. 남이 있음으로 인해 조상이 있고, 모든 물건들이 나를 이롭게 도와주고 있는 사실이 참으로 감사할 따름이다.

수행을 하지 않는 사람은 행복을 느끼는 시간이 짧다. 반면 기도수행을 열심히 하면서 생활하는 사람은 느끼는 행복의 질도 감사의 생각으로 인해 다르며 행복을 느끼는 시간도 길다. 이렇게 차이가 나는 이유는 기도하지 않는 사람은 행복한 일을 의심하기 때문이다. 의심하면 진정한 행복이 될 수 없다. 반대로 기도를 하는 사람은 행복한 일을 믿기 때문에 행복의 질이 높다고 느끼며 그것이 유지되는 시간도 길어진다.

행동이나 말과 글로써 다른 사람에게 자기의 뜻을 완벽하게 전하기는 어렵다. 말과 글이 시대에 따라 변하기도 하고, 각 나라마다 말과 글이 다르므로 더욱 어려울 것이다. 종교의 진리가 완벽하다고 하지만, 이론에 약점이 있다는 것도 이해해야 할 필요가 있다. 종교가 완전한 이론이 성립되지 못하는 것은 기독교의 신부나 수녀, 불교의 스님들이 아무리 최고의 행복이라고 찬양해도 모두 성직자가 되면 국가가 유지되지 못하기 때문이다. 이 세상 완전한 것은 존재하지 않는다. 서로 사랑하고 용서하고 자비로운 마음으로 사는 것이 최고의 행복일 것이다.

우리나라는 경제 발전을 거듭해 현재 선진국 수준에 와 있다. 국민 전체가 먹을 양식을 걱정하지 않아도 되고, 의복은 넘쳐나서 쓰레기통이 모자라고, 고층건물은 숲을 이룬다. 그럼에도 국민의 행복지수는 하위권에 속해 있다.

이러한 현상은 잘못된 사회 교육으로 인해 남을 탓하는 전도된 생각을 갖게 되었다는 것에서 원인을 찾아야 한다. 부모, 형제, 이웃을 탓하고 직장에 불만을 가지는 등 이러한 부정적인 생각에는 행복이 있을 수 없다. 자기보다 잘 사는 이와 비교하여 생각하면 불행해지고, 자기보다 못 사는 이와 비교하면 행복하다. 이런 겸손한 마음으로 생각을 바꾸려면 기도수행이 가장 효과적이다. 이러한 모든 조건을 살펴볼 때 반드시 기도를 해야만 한다. 그 누구도 하지 않으면 안 되는 것이다.

우리나라는 50~60년 전만 해도 농업사회였다. 가난한 농촌 마을에 살면서 지게에 거름을 지고, 철없는 송아지 몰면서 언덕을 넘고, 계단씩 논밭에 씨를 뿌려 새싹이 돋아나는 것을 기다리고, 김매고, 정성스럽게 작물을 가꾸면 풍성한 열매가 고개 숙여 주인을 기다리고, 그 열매를 추수하여 가마니에 담아 잠자는 방 윗목에 쌓아두면 보기만 하여도 배가 부른, 그런 아련한 행복이 그립다. 이른 봄부터 늦은 가을까지, 이렇게 긴 행복은 어디에도 없을 것이다.

지금이야 농기계가 없는 마을이 없고 소 거름이나 송아지를 찾아보기 힘든 시대지만 말이다.

　이 책에는 잘 이해하면 가난해도 행복하고 성공적인 삶을 살아갈 수 있는 방법을 수록하였다. 빈부의 격차가 날로 더해 가는 시대이다. 그럴수록 자기의 친척과 친구, 이웃을 되돌아 보아야 한다. 이웃이 가난한 생활에 건강마저 좋지 못한 이웃이 없는지 살펴보고, 이웃이 병고에 시달리고 있다면 약값 얼마라도 나누는 마음이 일어나도록 기원한다. 그것만으로 어려움에 벗어나기는 어렵겠으나, 삶에 대한 희망이 생길 것이다. 만약 행운으로 이 책을 손에 잡는다면 돈 들이지 않고 건강을 되찾아 행복한 삶을 살 수 있을 것이다. 속담에 물고기를 나누지 말고 고기 잡는 법을 나누라고 하였다.

우리는 살아가면서 수많은 결정을 하고 행동을 하면서 잘못된 결정으로 인해 후회하는 경우가 많다. 운동선수들은 본 시합 전에 연습 경기를 많이 한다. 그러나 인생은 연습이 없다. 매일 매시간이 인생의 결승전이며 결정해야 하는 순간들이다. 이 책은 후회 없는 결정하는데 교과서가 될 것이다.